Gerson Wolf

Die jüdischen Friedhöfe und die Chewra kadischa fromme Bruderschaft in Wien

Gerson Wolf

Die jüdischen Friedhöfe und die Chewra kadischa fromme Bruderschaft in Wien

ISBN/EAN: 9783744630450

Hergestellt in Europa, USA, Kanada, Australien, Japan

Cover: Foto ©ninafisch / pixelio.de

Weitere Bücher finden Sie auf **www.hansebooks.com**

Die

jüdischen Friedhöfe

und die

„Chewra Kadischa"

(fromme Bruderschaft)

in Wien

von

G. Wolf

Veröffentlicht vom Vorstande der „Chewra Kadischa" in Wien.

WIEN, 1879
ALFRED HÖLDER,
k. k. Hof- und Universitäts-Buchhandlung

Vorwort.

Im Herbste des verflossenen Jahres regte Herr Baron M o r i z von K ö n i g s w a r t e r in mir den Gedanken an, eine Schrift, wie ich sie jetzt dem Leser biete, zu verfassen. Von ihm gilt das Wort des Altmeisters:

> „Wohl dem, der seiner Väter gern gedenkt,
> der froh von ihren Thaten, ihrer Grösse,
> den Hörer unterhält, und still sich freuend
> an's Ende dieser schönen Reihe sich
> geschlossen sieht."

Herr Baron von K ö n i g s w a r t e r stammt von S a m s o n (dieser selbst schrieb sich manchmal S a m p s o n) W e r t h e i m b e r ab. Es ist bekannt, wie S a m s o n W e r t h e i m b e r für Juden und Judenthum gewirkt hat. Er war es auch, der direct beim Kaiser Leopold am 12. Juli 1700 mit Erfolg Einsprache gegen das berüchtigte Werk: „Entdecktes Judenthum" von Eisenmenger erhob. Was er dem Staate leistete, geht daraus hervor, dass ihm der Kaiser die Gnadenkette mit dem kaiserlichen Bildnisse gab und später 1000 Ducaten „verehrte", um „zu einem Gedächtnisse Silber- oder Guldengeschirr für sich zu verschaffen."

In diesen beiden Richtungen ist Herr Baron von K ö n i g sw a r t e r ein würdiger Abkömmling seines Ahns.

Nichtsdestoweniger glaubte ich der mir von ihm gegebenen Anregung nicht folgen zu sollen, u. z. geschah dies aus verschiedenen Gründen, die ich hier nicht erörtern mag.

Hierauf trat der verehrliche Vorstand der Chewra Kadischa mit demselben Wunsche an mich heran. Nun glaubte ich, mich der mir gestellten Aufgabe nicht ferner entziehen zu dürfen, und ich übergebe diese Blätter bei Gelegenheit der am 2. März d. J. stattfindenden Generalversammlung der genannten „frommen Bruderschaft" der Oeffentlichkeit.

Die Alten sagen: Grabreden werden nicht zum Lobe der Todten, die dessen nicht bedürfen, denn ihre Thaten sind ihre Denkmäler, sondern zur Ehre der Lebenden gehalten. Und so mögen diese Blätter beweisen, dass es zu allen Zeiten, und selbst unter den trübsten Verhältnissen in der Wiener jüdischen Gemeinde, die jetzt die bedeutendste auf dem Continente ist, wackere, biedere, vortreffliche Männer gab, die für ihr Volk und für ihren Glauben, und so weit es ihre Stellung zuliess, für das allgemeine Beste in eifriger Weise wirkten.

Noch drängt es mich, den Herren Beamten in den kaiserl. Staatsarchiven und Registraturen, in der Registratur des Magistrates der Residenzstadt, in der Kanzlei der israelitischen Cultusgemeinde und des Leichenhofamtes, die unermüdlich seit Jahrzehnten meinen Wünschen mit der grössten Freundlichkeit und Liebenswürdigkeit entgegenkommen, bestens zu danken.

Schliesslich muss ich nochmals des Herrn Barons Königswarter gedenken und ihm für seine freundliche Mühewaltung danken, indem er die Güte hatte, die Correcturbogen zu revidiren und mich auf einzelne Unrichtigkeiten aufmerksam zu machen. Es wurde mir da eine Mitarbeiterschaft zu Theil, wie sie nur sehr selten vorkommt, welche ich auch vollkommen zu würdigen weiss.

WIEN, am Todestage Lessing's 1879.

Der Verfasser.

I.
Die alten Friedhöfe.

Die Juden benennen in verschiedener Weise einen Friedhof: Begräbnissplatz, den Ort, wo alle Menschen gleich sind; das Haus des Lebens, das Haus der Welt oder das ewige Haus[1]) etc. Die letzteren Benennungen sind die üblichsten. In der „Gasse" nennt man ihn den „guten Ort." Ein Platz, der zu einem Friedhofe adaptirt wird, erhält keine Weihe, wohl aber ist jeder Ort, wo ein Mensch begraben liegt, geweihet; der menschliche Leichnam weiht ihn. Es beginnt gewissermassen diese Weihe schon beim sterbenden Menschen. Darum heisst es: „Die Worte, der Wunsch und Wille eines Sterbenden sind ebenso verbindend und verpflichtend, wie wenn sie von Gott selbst auf dem Berge Sinai befohlen worden wären."[2]) Die Juden haben keine Beichte und keine letzte Oelung; aber es gehört zu den schönsten und edelsten Liebeswerken, dem Sterbenden Worte des Trostes zu spenden, den Verstorbenen in würdiger Weise, wobei kein Unterschied des Ranges und des Standes stattfindet — bekanntlich ist das Leichengewand und der Sarg für jeden gleich — zur Stätte des ewigen Friedens zu bringen und ihm dahin das Geleite zu geben.[3]) Es besteht auch die fromme Sitte, dass jene, die sich mit den Todten beschäftigen (sie waschen, ankleiden etc.) so weit als thunlich, sich der „heiligen", der hebräischen Sprache bedienen. Es wird daher nicht vom Kopfe, von der

---

[1]) בֵּית הַקְּבָרוֹת, מָקוֹם שֶׁהַכֹּל שָׁוִין בּוֹ, בֵּית עוֹלָם oder בֵּית עוֹלָמוֹ, בֵּית חַיִּים

[2]) דִּבְרֵי שְׁכִיב מְרַע כִּכְתוּבִין וְכִמְסוּרִין דָּמֵי (Gittin 13,)

³) Mischna Peah. 1; Tract. Sabbat 127 a, Aboth des R. Nathan 40.

Hand etc., sondern von Rosch, Jad etc. des Verstorbenen gesprochen. Und die Männer, die sich in einer Gemeinde vereinigen, diese frommen Liebeswerke an Sterbenden und Todten zu üben, (sie sind in der Regel die vornehmsten und angesehensten), werden die fromme oder eigentlich „heilige Bruderschaft" genannt; denn die Liebeswerke, die man an Sterbenden und Todten übt, sind die echten und wahren Liebeswerke,[4]) da man nicht hoffen kann, dass sie von denen, welchen man sie erweist, wieder vergolten werden.[5]) Es ist hier nicht unsere Aufgabe, eine Geschichte der „Chewra Kadischa" im Allgemeinen zu schreiben. So viel ist gewiss, dass sie zu den ältesten Institutionen der Juden gehört. Es ist ferner bekannt, dass im Jahre 1564 der Rabbiner zu Prag, Lewa ben Bezalel, genannt „der hohe Rabbi Löb", um den sich die Sage schlingt, (gestorben 1609), Statuten für diese Bruderschaft verfasste.[6]) Wir wollen hier nur jene allerdings spärlichen Daten geben, die uns über die „Chewra Kadischa" in Wien bekannt sind, und zugleich, da sich ein „neues Haus der Welt" aufthut, Einiges über die bisherigen jüdischen Friedhöfe berichten.

Wir können nicht sagen, seit welcher Zeit Juden in Wien leben, so viel jedoch ist gewiss, dass sie schon im zwölften Jahrhunderte in Wien waren. Herr von Camesina, einer der besten Kenner Altwien's, hat in jüngster Zeit den Versuch gemacht, nachzuweisen, dass schon zur Römerzeit Juden in Wien anwesend waren. So viel aber ist gewiss, dass in alter Zeit, aus welcher Daten vorhanden sind, der jüdische Friedhof beiläufig auf dem Platze war, wo jetzt der Kärntnerring ist[7]), und dürfte er daselbst bis zur Zeit des schwarzen Todes (1348—1350) oder bis zur Zeit der Austreibung im Jahre 1421 geblieben sein.

[4]) חסד שעושים עם המתים הוא חסד של אמת שאינו מצפה לתשלום גמול (Midrasch Rabba zum Absch. Waj'chi)
[5]) Frauen, die diese Liebeswerke an sterbenden und verstorbenen Frauen und Mädchen üben, werden Naschim Zadkanijot (fromme Frauen) genannt.
[6]) Vergl. Hock im „Gal-Ed." S. 4. — Es besteht die fromme Sitte, dass man Jünglinge und junge Leute als Novizen in die Chewra Kadischa einreiht. Diese nennt man mit der czechischen Bezeichnung Mladši (Jüngere) und rührt dies eben daher, weil die Statuten in Prag verfasst wurden.
[7]) Im Buche der Käufe C. S. 159 heisst es unter Actum am St. Blasiustage 1385, dass Ulrich Bader und seine Erben ihre Badestube, gelegen vor dem Kärntnerthor zu Wien, zunächst dem Judenfreithofe, verkauften.

Nachdem Juden wieder nach Wien kamen und sich daselbst ansiedelten, wurde der Platz in der Rossau, ehemals der obere Wörth genannt, welcher Eigenthum des Bürgerspitales war, als Gottesacker erworben. Es findet sich allerdings nichts Näheres und Weiteres darüber vor. Als jedoch das daselbst errichtete Spital am 16. April 1629 an die Gewähr geschrieben wurde, heisst es in dem betreffenden Documente, dass vor vielen Jahren her ein Grund zu ihrem (der Juden) Begräbnisse gegeben worden sei. Wohl ist der älteste Grabstein, der sich auf diesem Gottesacker befindet, vom Jahre 1540. Dieses Datum ist jedoch aus doppeltem Grunde von keiner Bedeutung, da Grabsteine im Laufe der Zeit verwittern und zu Grunde gehen. Zu dem kömmt, dass viele derjenigen, denen die Obhut dieses „guten Ortes" anvertraut war, demselben nicht die nöthige Aufmerksamkeit widmeten, ja er wurde geradezu devastirt. Man benutzte diesen Raum, nachdem er nicht mehr Begräbnissplatz war, zur Ablagerung des Kehrichtes, und verwendete einen Theil desselben zu Gemüsebeeten. Es ist ein nicht genug zu schätzendes Verdienst des jetzigen Spitalverwalters, des Herrn kais. Rathes Dr. B. Wölfler, der dieser Verheerung und Zerstörung Einhalt that, und den Theil, den er noch vorfand, so gut als möglich conservirte.

Dieser Gottesacker blieb die jüdische „Todtenstadt" bis zum Jahre 1784, wo in Folge eines Befehles des Kaisers Josef II. alle Friedhöfe ausserhalb der Linien verlegt werden mussten.

Ueber das Wirken einer Chewra Kadischa in alter Zeit ist keine schriftliche Aufzeichnung vorhanden. Es darf dies nicht befremden. Die Juden wurden, wie bekannt, wiederholt aus Wien vertrieben und man wird es begreiflich finden, dass Jene, die von diesem Geschicke betroffen wurden, nicht daran dachten, die Statuten oder sonstige Aufzeichnungen aufzubewahren. Da, wo es ihnen gegönnt war, sich neuerdings niederzulassen oder ansässig machen zu dürfen, fügten sie sich den Einrichtungen, die sie daselbst trafen und vorfanden. Es ist auch in Erwägung zu ziehen, dass man in früherer und auch noch in neuerer Zeit im Allgemeinen und bei den Juden insbesondere wenig Sinn für archivalisches Material hatte, und zeigen auch unsere Staatsarchive mannigfache klaffende Lücken.[8]

---

[*]) Vergleiche unsere „Geschichte der k. k. Archive in Wien."

Bei Gelegenheit einer Festmahlzeit der Chewra Kadischa am 19. April 1863 reproducirten wir in einem Toaste eine Einladung der Chewra Kadischa in Wien aus dem dritten Jahrzehnt im vierzehnten Jahrhundert. Die genaue Jahreszahl konnten wir nicht geben, da der letzte Buchstabe unleserlich war. Dieselbe lautete:

לידע ולהודיע ע"פ שבעה מטיבי צעד ולכת כי הסעידת מצוה של החבורה הקדושה תהיה ביום שנכפל בו כי טוב לסדר וירא העם וירוני. ה' אלפים פ'.

Zu deutsch würde dieses heissen: Die sieben vortrefflichen Führer und Leiter geben kund, dass das fromme Festmahl der heiligen Versammlung am Dienstag des Wochenabschnittes: „Das ganze Volk jubelte" (es ist dies der Wochenabschnitt שמיני) des Jahres 5080 — nach der gewöhnlichen Zeitrechnung 1320 — stattfinden wird.

Die Vorsteher, wenn ich die Namen recht lese, hiessen:

ישוע אליקים עניסהם, משה בן יחיאל צורף, יהדה. . . יוסף בי שמעון וירטם, יהדה בן רפאל . . . משה בן חיים מלך (?) . . אברהם סופר[9]) . .

Unter Kaiser Mathias entstanden Streitigkeiten in der Gemeinde, die bis an die Stufen des Thrones gebracht wurden, welche den Gottesacker, respective die damalige Chewra Kadischa betrafen. Es kamen nämlich öfters fremde Juden nach Wien, die sich hier ansässig machten und die Gemeindeinstitutionen benützten, an den Lasten derselben jedoch nicht theilnehmen wollten; obschon dies gegen die Satzungen des jüdischen Rechtes verstösst. Der Kaiser entschied, dass die fremden Juden der Gemeinde Steuerbeiträge zu leisten haben. Aber auch diese Mandate blieben unbeachtet. Die jüdische Gemeinde suchte sich zu regressiren und verlangte bei Todesfällen von Fremden bedeutende Beträge für die Grabstätten. Hierauf wurden neuerdings von Seite der Betheiligten Processe angestrengt, die zu Gunsten der Gemeinde entschieden wurden.

Die ältesten noch vorhandenen Statuten der Chewra Kadischa sind vom Jahre 1764. Dieselben wurden von der Redaction des „Wiener Israelit" nach einem Manuscripte aus dem Nachlasse des sel.

---

[9]) Zu Deutsch: Jeschua Eljakim Ensisheim, Moses ben Jechiel Zoref (Gold- und Silberarbeiter), Jehuda. . . Josef ben Simon Wertheim, Jehuda ben Raphael. . . Moses ben Chajim Melek (?) Abraham Sofer.

Predigers Mannheimer, jetzt im Besitze des Predigers Herrn Dr. Adolf Jellinek, veröffentlicht, und sind dem Rechenschaftsberichte des Vorstandes der Chewra Kadischa für 1873—1875 beigedruckt. Wie so es kam, dass gerade in diesem Jahre, 1764, Statuten abgefasst wurden, wollen wir hier erörtern.

Wie bekannt, wurden die Juden zum letzten Male im Jahre 1670 vertrieben. Sie retteten nichts, als das was sie mit sich nehmen konnten. Die Häuser, die sie besassen, wurden verkauft [10]), und die Synagoge in eine Kirche (die Leopoldskirche in der Leopoldstadt) umgewandelt. Einen Besitz jedoch wahrten sie, den Friedhof. Koppel Lewy Fränkel übergab dem Grafen Carl Sixt. Trautson von Falkenstein 4000 fl., die derselbe beim Magistrat erlegte, wofür dieser zugleich die Verpflichtung übernahm, den Gottesacker, wie er zu jener Zeit bestand, mit einer Umzäunung zu versehen, und ihn unangetastet zu belassen. Um ihn vor Verunglimpfung und Beschädigung zu bewahren, bestellte der Magistrat den Balthasar Osterhammer als Wächter des Leichenhofes und wies ihm das Häuschen, das sich bei demselben befand, zur Wohnung an. Nach wenigen Jahren schon, im Jahre 1674, sah man sich jedoch veranlasst, einzelnen jüdischen Familien neuerdings zu gestatten, nach Wien zu kommen und sich daselbst aufhalten zu dürfen. Die Friedhofsangelegenheit wurde zwar keine Lebensfrage, da es sich um die Bestattung der Todten handelte, aber gewiss war sie sehr wichtig.

Koppel Lewy, der bald, nachdem er seine Heimat verlassen musste, starb, hinterliess zwei Söhne: David Isak Sekel und Israel Lewy, letzterer Rabbiner zu Ungarisch-Brod, in Mähren. Nach dem Tode des David Isak Sekel überliessen dessen drei Söhne: Aron, Joachim Benjamin und Zacharias Lewy ihren Antheil am Gottesacker ihrem Oheim, dem genannten Rabbiner zu Ungarisch-Brod. Am 28. December 1696 übertrug dieser seinen Besitz an Samuel Oppenheimer. Dieser war nun der alleinige Besitzer des Gottesackers und liess er und seine Erben sich für die Grabstätten bezahlen. Um der Wahrheit die Ehre zu geben, wollen wir nicht verschweigen, dass wiederholt Klagen über die Preise, welche für die Grabstätten gefordert wurden, vorkamen.

---

[10]) Der Erlös betrug fl. 110.000. Von diesem Betrage erhielten jedoch die Juden blos fl. 9465, da sie fl. 100.535 Schulden hatten, die ihnen abgezogen wurden.

Der Zustand der Juden in Wien, nachdem ihnen der Aufenthalt daselbst wieder gestattet wurde, war jedoch viel schlechter, als vor der Vertreibung. Die Leopoldstadt, wo sie vor der Austreibung gewohnt hatten, besass das Privilegium, den Juden den Aufenthalt daselbst zu untersagen; in der innern Stadt selbst wurden ihnen einige Häuser zum Bewohnen angewiesen (zum Küssdenpfenning in der Adlergasse, die Garibaldischen Häuser in der Himmelpfortgasse etc.) Ausserdem durften in dem Häuschen bei dem Gottesacker zwei jüdische Männer und zwei Weiber wohnen. Dieser Aufenthalt, der den Juden gestattet wurde, war nicht für Lebenszeit, oder auch nur für eine gewisse Zeit gewährt, sondern es stand im Belieben der Behörden, sie zu jeder Zeit wieder wegzuweisen. Dazu kam noch die schmähliche Behandlung, die man ihnen angedeihen liess. Sie standen officiell unter der Aufsicht der betreffenden „Hausmeister" Hausbesorger der Häuser, in welchen sie wohnten. Diese hatten der Polizei Bericht über das Thun und Lassen der Juden, die in den Häusern, die ihrer Obhut anvertraut waren, wohnten, zu geben. Der Grundbesitz, der ihnen früher gestattet war, ward ihnen nun verboten und die Nahrungswege eingeschränkt. Sie durften nur Wechselgeschäfte, Gold- und Juwelenhandel treiben, und Lieferungen für das Aerar übernehmen. Der einzige Grundbesitz, der unangetastet blieb, war der Gottesacker; jede andere religiöse Institution war ihnen verboten. Sie durften keine Synagoge und keine Lehrschule haben und überhaupt keine Gemeinde bilden. Es war blos jedem jüdischen Hausvater gestattet, mit seinen Hausgenossen „in möglichster Stille, ohne mindestes Aergerniss der Christen," die Ceremonien zu exerciren.

Diese Verhältnisse wurden um etwas unter der Kaiserin Maria Theresia besser.

Es ist die ruhmreiche Wirksamkeit dieser wahrhaft grossen Monarchin bekannt. Man weiss es aber auch, dass diese erhabene Frau von grossem Fanatismus gegen Nichtkatholiken beseelt war. Wir hatten selber schon wiederholt Gelegenheit, darauf hinzuweisen, wie sie geradezu hartherzig gegen Juden war. Wenn es jedoch ein Trost ist, Gefährten im Leiden zu haben, so können die Juden diesen Trost haben, denn wenn man von der Vertreibung der Juden aus Böhmen 1744, die im Jahre 1748 wieder rückgängig gemacht wurde, absieht, so war das Geschick der Protestanten in Oesterreich noch viel schlechter, als das der Juden. Selbst Herr Hofrath Alfred Ritter v. Arneth, welcher der Kaiserin in seinem Werke: „Geschichte Maria Theresia's" ein glänzendes Denkmal setzt, weist auf diese Schattenseite hin. Wir selbst haben jüngst dieses Moment in dem Artikel: „Die Verhältnisse der Protestanten in Oesterreich unter der Kaiserin Maria Theresia und das Toleranz-Patent" in Raumer-Riehl's historischem Taschenbuche 1879 näher characterisirt und Belege angeführt. die man kaum glauben würde, wenn sie nicht in den hiesigen kaiserlichen Archiven vorhanden wären.

Diese Monarchin war es, die trotz ihres Judenhasses, aus Staatsraison, den Juden in Wien eine, wenn auch nur im geringen Grade, aber denn doch eine bessere Stellung einräumte. Am 5. Mai 1764 erschien nämlich eine Verordnung, in welcher die Momente angegeben sind, welche gewissermassen einen Juden berechtigen, um die Gnade zu bitten, einen gewissen Zeitraum in Wien bleiben zu dürfen. Der Petent hatte nämlich den Nachweis zu liefern, wie viel er an baarem Gelde, annehmlichen Papieren und sicheren Activposten besitze; was er Nützliches für das Gemeinwesen, insbesondere durch Anlegung von Fabriken, in welchen jedoch nur christliche Arbeiter beschäftigt werden dürfen, leisten kann, und wie viel er an Toleranzgeld zu zahlen beabsichtigt.

Wir wollen schweigen von den mannigfachen Vexationen, die mit dieser Gnade für denjenigen, dem sie zu Theil wurde, verbunden waren. Betrachtete man doch zu jener Zeit jeden Juden, und mochte er stets ein unbemakeltes Leben geführt und sich durch alle erdenklichen Tugenden ausgezeichnet haben, im Vorhinein für einen Verbrecher. Heute würde man eine derartige Begünstigung mitleidig belächeln; zu jener Zeit bildete sie einen Rechtsstandpunkt, einen Punkt blos im strictesten Sinne des Wortes, von dem aus die Juden jedoch, wie Archimedes, ihre Welt in Bewegung setzen konnten. Wie wir wissen, täuschten sich die Juden nicht in dieser Hoffnung. Der Punkt wurde immer weiter und breiter und in unserer Zeit wurde er zum Boden der Gleichberechtigung.

Und kaum, dass die Juden in Wien einen, wenn auch noch so schwachen Stützpunkt in der genannten Verordnung vom 5. Mai 1764 gefunden hatten, wurde neuerdings die Chewra Kadischa von David Wertheim begründet und entstanden die Statuten, die wir früher erwähnten.

Wir heben aus denselben folgende Momente hervor: Der Vorstand bestand aus sechs Mitgliedern, drei Ober- und drei Untervorstehern, die unter sich nicht verwandt sein durften. Die Wahl geschah (durch das Los) aus den vorhandenen Mitgliedern. Jedes Mitglied hatte jährlich 5 fl. zu entrichten. Kein aus der Wahl hervorgegangener Vorsteher durfte bei Strafe von 9 fl. auf das Amt verzichten, „weil der Privat-Wohlthätigkeitsverein redliche Männer braucht." Da zur moralischen Bildung der gemeinen Classe ein Religionsprediger nöthig sei, so sollte ein dazu tauglicher Mann, der mit den nöthigen Wissenschaften versehen ist, bestellt werden, der alle acht Tage eine moralische Predigt in deutscher Sprache halte, damit Jedermann ihn hinlänglich verstehe, worauf immer die Gebete für das Wohl des Landesfürsten folgen sollen. Derselbe war auch verpflichtet, am Jahrestage, wenn der ganze Verein zusammen kommt (7. Adar[11]), eine geziemende moralische Rede zu halten. Ferner sind zu bestellen: ein „Buchführer" (Buchhalter) und ein Diener. Kranken Mitgliedern müssen Besuche abgestattet werden. Ist der Kranke arm, muss man für denselben einen Arzt bestellen. Dieser so wie die Medicamente werden aus der Vereinscassa bezahlt. Einer der Vorsteher soll täglich die Kranken besuchen, selbst wenn diese nicht Mitglieder des Vereines sind, besonders wenn der Kranke ein geachteter Mann ist.

Hat der Kranke in seiner Wohnung nicht die nöthige Ruhe, so ist es Pflicht des Vereines, für ihn ein Zimmer zu miethen und ihm einen Krankenwärter zu bestellen.

Alle Tage müssen vier Personen ausgelost werden, die Tag und Nacht beim Kranken wachen; ebenso müssen täglich zehn Personen ausgelost werden, welche des Morgens und des Abends die üblichen Gebete verrichten; die Vorsteher jedoch sind frei von der Wache.

Wenn ein Vereinsmitglied stirbt, müssen alle Mitglieder beim Leichenbegängnisse anwesend sein. War der Verstorbene nicht Mitglied des Vereines, so müssen zehn Mitglieder, die durch das Los bestimmt werden, die Leiche begleiten. War der Verstorbene arm, so wird ihm auf Kosten des Vereines, wenn er Mitglied desselben war, ein Leichenstein gesetzt.

Alljährlich am 7. Adar soll ein Festmahl des Vereines stattfinden, welches nicht zu viel kosten darf.

---

[11]) Nach der Tradition ist der 7. Adar der Geburts- und der Todestag Moses.

Wenn ein Mitglied des Vereines, oder ein Kind eines Vereinsmitgliedes heirathet, soll demselben ein Hochzeitsgeschenk überreicht werden.

Diese und ähnliche Grundsätze befinden sich allerorten in den Statuten der Chewra Kadischa. Wenn hier auch von einem Religionsprediger die Rede ist, der „moralische Predigten" in deutscher Sprache halten soll, so ist zu berücksichtigen, dass die Juden in Wien sich bestrebten, mit Christen zu verkehren und in christliche Kreise zu kommen, was ihnen auch gelang, und dem damaligen Erzbischof von Wien, Cardinal M i g a z z i, grosses Aergerniss bereitete. (Das Nähere darüber theilten wir in unsern: zur Geschichte der Juden in Wien S. 21 und Geschichte der Juden in Wien S. 76 mit).

Im Jahre 1813 wurde auf Vorschlag des B e n j a m i n L a n d e s m a n n beschlossen, dass alljährlich bei der statutenmässigen Versammlung der Vereinsmitglieder die Statuten und der Rechenschaftsbericht vorgelesen werden, damit es allen Mitgliedern klar werde, „welches Gute in der Chewra Kadischa geschehe." Dieser Antrag wurde dann auf Antrag L ö b E n g e l's im Jahre 1819 dahin erweitert, dass die Statuten und der Rechenschaftsbericht in deutscher Sprache gelesen werden, da viele Mitglieder die „heilige Sprache" nicht verstehen.[12])

Kehren wir nun wieder zum Gottesacker zurück. Nachdem das Spital, das sich bei demselben befand, in welchem sechs Kranke Pflege finden konnten, baufällig ward, verlangte Kaiser Josef II., der inzwischen zur Regierung gekommen war, dass die Juden dasselbe neu erbauen. Diese weigerten sich jedoch, diesem Auftrage nachzukommen, indem sie angaben, dass der Gottesacker so wie das Spital den Oppenheimer'schen Erben gehören. Der Kaiser liess sich hierauf von der Hofkammer-Procuratur ein Gutachten erstatten. Diese erklärte, dass wohl der Gottesacker den Oppenheimer'schen Erben, das Spital jedoch der Judenschaft gehöre, und wurde es derselben im Jahre 1727 Nr. 11 an die Gewähr geschrieben.

---

[12]) L ö b E n g e l war der Vater des Dr. Maximilian Engel (gestorben 18. October 1876), der fast 30 Jahre im Vorstande der Gemeinde wirkte und sich insbesondere auf dem Gebiete der Religionsschule viele Verdienste erwarb.

Der Kaiser rescribirte daher auf den diesbezüglichen Vortrag vom 20. November 1784, da der Friedhof den Oppenheimer'schen Erben, das Spital aber den Juden gehört, so haben sie sich bezüglich des ersteren, falls ihnen an demselben etwas gelegen ist, mit den Oppenheimer'schen Erben auseinander zu setzen, das Spital aber haben sie zu erbauen und müssen sie den Plan über dessen Bau und Einrichtung und über die Verpflegung der Kranken, schliesslich über die Kosten binnen sechs Wochen bei einem Pönfalle von 20 Ducaten überreichen. Dieser Plan soll dem Oberdirector der Spitäler von Quarin zur Einsicht und Begutachtung übergeben werden und sollen auch in diesem Spitale die Verbesserungen, wie in den andern Spitälern, Platz greifen.

Wir müssen hier die Angelegenheit wegen des Spitales übergehen[13]), und wollen nur bemerken, dass die Juden wiederholt um neue Fristerstreckungen ansuchten; hingegen lag es ihnen am Herzen in den Besitz des Gottesackers zu gelangen. Doch mit demselben stand noch eine andere Streitfrage in Verbindung. Wie wir früher bemerkten, wurde zur Zeit der Vertreibung der Juden aus Wien Balthasar Osterhammer als Wächter des Friedhofes bestellt und wurde ihm in dem Häuschen daselbst eine Wohnung eingeräumt; überdies hatte er den Fruchtgenuss der Obstbäume, die sich auf dem Friedhofe befanden. Osterhammer segnete das Zeitliche, aber seine Nachkommen blieben daselbst und erfreuten sich derselben Begünstigungen. Es fiel Niemanden ein, sie darin zu stören. Als der Gottesacker gesperrt und das Spital neugebaut werden sollte, machten die Nachkommen Osterhammer's das Recht der Erbersitzung geltend und strengten desshalb einen Process an, der durch alle Instanzen ging. Erst im Jahre 1788, nachdem der alte Friedhof bereits geschlossen war, kam es zum Ausgleiche. Jacob Oppenheimer gab nämlich folgende Erklärung ab, die wir wörtlich folgen lassen:

Erklärung.

Demnach die von der k. k. Haupt- und Residenzstadt Wien tolerirte Judenschaft sich mit mir über das von der Oppenheimer'schen Familie herrührende Grundeigenthum des in der Rossau liegenden,

---

[13]) Vergleiche Dr. B. Wölfler: „Das alte und neue Wiener Israelitenspital S. 4" und wollen wir hinzufügen, dass das im Jahre 1793 erbaute Spital jetzt, nachdem das neue, von Baron Anselm v. Rothschild erbaute Spital adaptirt wurde, als Mädchenwaisenhaus benützt wird. Zu diesem Zwecke wurde es von den Brüdern Herren David und Wilhelm Ritter von Gutmann eingerichtet.

zur allgemeinen Judenbegräbniss gewidmet gewesten Ortes (da die Begräbnisse dermalen vor die Linien übertragen worden sind) in der Güte freundschaftlich einverstanden und sich zu einer ewigen Abfindung an mich 2250 fl. abzureichen, verbunden hat. So ist auch die weitere Abfindung mit denen Osterhammerischen Erben, die gleichfalls einiges Recht an diesen Begräbnissort und an der dabei befindlichen Wohnung zu haben vorgegeben, bei Einer löbl. Stadthauptmannschaft dahin getroffen worden, dass ich ihnen für das diessfällige vorgegebene Recht ein für allemal, und zu ihrer ewigen Abfertigung Einhundert Speciesducaten, d. i. vierhundertfünfzig Gulden abreichen, und dass ihnen zugleich für das heurige 1788. Jahr das Eigenthum aller Früchten, so an denen an diesem alten Begräbnissorte stehenden Bäumen wachsen werden, gehören solle; — da nun die Osterhammerischen sich mit diesem Abfindungsquanto deren 450 fl. vollkommen zufrieden gestellt und sich ausdrücklich erklärt haben, dass sie von allen weiteren erdenklichen Ansprüchen, die sie an bemeltes altes Begräbnissort, oder an die dabei befindliche Wohnung zu machen vermeint hatten, auf ewige Zeiten für sich und für ihre Nachkömmlinge abstehen und auf solche wohlbedächtlich entsagen, so bin ich verbunden, die zu ihrer gänzlichen Abfertigung bestimmten 450 fl. den nämlichen Augenblick, wenn die hiesige Judenschaft die Eingangs benannten 2250 fl. an mich abführen wird, an Eine löbl. Stadthauptmannschaft zu Händen derer Osterhammerischen Erben zu erlegen, vorwider mich keine erdenkliche Einwendung schützen noch schirmen soll. Zu Urkund dessen meine eigenhändige Namens- und Petschaftsfertigung.

WIEN, 4. Juni 1788.

(L. S.) Jacob Oppenheimer.

Bevor wir von diesem Friedhofe scheiden, wollen wir noch einiger Personen, die auf demselben ruhen, gedenken. Zunächst der Rabbiner.[14]

Da begegnet uns zuerst Nr. 15 Moses Maor Katon, gestorben 1611, der Rabbiner und Arzt zugleich war. (Derselbe war im Jahre 1570 Arzt in Frankfurt a./M. Vergl. Carmoly: allgemeine Zeitung des Judenthums 1855, Nr. 42.) Wie Rappaport

---

[14] Wir benützen die „Inschriften des alten jüdischen Friedhofes in Wien", die der Gelehrte S. G. Stern copirte und L. A. Frankl mit einem Vorworte und Bemerkungen veröffentlichte.

(Wertheimer's Jahrbuch 1855, S. 316) annimmt, bedeutet **Maor Katon** das kleine Licht, eine Bezeichnung des Mondes (Genes. 1. 16.) und gehöre diese Familie zu den Exulanten Frankreichs, aus Lunel. Er knüpft daran die Vermuthung, dass diese Exulanten aus der Provence, zu welchen auch die **Abba Mari's** gehören, manche schöne Poesien von **Jehuda Halewy, Salomo ibn Gabirol** etc., die man früher in Deutschland, Oesterreich und Polen nicht kannte, mitbrachten. **Rappaport** hält diese Meinung trotz der Entgegnung **Carmoly's** (allgemeine Zeitung des Judenthums 1855, S. 542) aufrecht. (Vergl. Vorwort zu Gal Ed p. XLVI).[15]) Wir gedenken bei dieser Gelegenheit einer zweiten Controverse zwischen **Rappaport** und **Carmoly** am a. O. bezüglich der Familie **Abba Mari**, die ersterer identisch mit **Chalfon** (Halfanus) hält. Steinschneider: Catalogus S. 2814 führt jüdische Typografen unter diesem Namen an, und zugleich eine Genealogie dieser Familie. Er gibt zum Namen **Abba Mari** in einer Einrammlung **Chalfon** mit einem Fragezeichen.

Rabbiner **Abraham Chajim** aus Apt, im Departement Vaucluse, starb 1623. Demselben folgte **Jomtob Lippman Heller**, nach seinem Hauptwerke „**Tossefot Jomtob**" genannt, bis dahin Rabbiner von Nicolsburg.[16]) Er arbeitete eine Gemeindeordnung aus. Er blieb jedoch nicht lange da, und nahm im Jahre 1627 den Ruf als Rabbiner in Prag an. In Folge von Denunciationen wurde er von da nach Wien gebracht und daselbst verhaftet.[17]) Nachdem er die Freiheit wieder erlangt hatte, zog er nach Lithauen und starb dann als Rabbiner von Krakau 1654.

[15]) Nr. 135 der Inschriften gibt ebenfalls das Epitaph eines **Moses Maor Katon**, der blos Arzt war, (gestorben 1643). Sie ist fast gleichlautend mit Nr. 15, nur dass sich in derselben zahlreiche Druckfehler finden. Auch die Grabschriften der beiden Söhne des Dr. Elias Halfanus Nr. 32 und 34 sind gleich, nur scheint bei der letzteren der Vorname entfallen zu sein. Da wir diese Schrift während eines strengen Winters, in welchem grosse Schneefälle sind, abfassen, war es uns nicht möglich, auf die Gottesäcker zu gehen und die Inschriften zu besichtigen.

[16]) Grätz Geschichte der Juden X. S. 42 gibt an, **Heller** sei im Februar 1625 nach Wien gekommen. Da **Heller** jedoch von sich selbst (**Megillath Eba** und **Koss Jeschuoth**) berichtet, er habe dahin gestrebt, dass die Juden vereinigt wohnen, so muss er wohl schon 1624, als die Juden in den untern Wörth (in die Leopoldstadt) übersiedelten, in Wien gewesen sein.

[17]) Näheres hierüber in den citirten Schriften Heller's und in unserm „Ferdinand II. und die Juden."

Nr. 77 enthält die Grabschrift des Rabbiners Weidel, gestorben 1630, welcher in Worms und in Wien als Rabbiner fungirte. Wie mir mein hochverehrter Freund und Gönner, der Nestor der jüdischen Wissenschaft, Herr Dr. L. Zunz, einmal brieflich mittheilte, dürfte Weidel identisch mit Veit Munk sein, über den wir bereits wiederholt berichteten, zuletzt in unserer Geschichte der Juden in Wien, S. 40.

Weidel war aus der Familie Teomim-Lämel, dessgleichen der Rabbiner Moses, gestorben 1639.

Diesem folgte Sabbatai Scheftel Horwitz oder Hurwitz, gestorben 12. April 1660. Dessen Vater war Jesaia, Verfasser des Werkes: „Sch'ne luchoth habrith", abgekürzt „Sch'loh" (die beiden Bundestafeln), das die rigorosesten Vorschriften zu einem vollkommen religiösen Lebenswandel enthält. Scheftel verfasste zu dem genannten Werke seines Vaters eine grosse Einleitung und für seinen Sohn ein ethisches Testament. Steinschneider: Catalogus, S. 2247, gibt den Stammbaum dieser Familie, welche wie Hock in Lieben's Gal Ed S. 36 richtig bemerkt, ein wahrer Bienenstock des Rabbinates war.

Dessen Nachfolger war Gerson Oulif Aschkenasi, der bis dahin Rabbiner in Prossnitz und Nicolsburg war. Während dessen Amtswirksamkeit wurden die Juden im Jahre 1670 aus Wien vertrieben und er zog nach Metz, wo er 1694 starb.[18]) (Ueber seine Werke vergl. Steinschneider, Catalogus).

Wir hätten nun noch zweier Rabbiner zu gedenken, die auf diesem Friedhofe ruhen: Samson Wertheimber, gestorben 6. August 1724, und Berusch Bernh. Gabriel Eskeles, gestorben 1753; doch waren diese blos Titularrabbiner, da die Juden in Wien zu jener Zeit keine Gemeinde bilden, keine Synagoge haben und keine Beamte anstellen durften. Die Juden haben in früherer Zeit auf diesen Titel grossen Werth gelegt und betrachteten ihn als die höchste Auszeichnung. Es haben sich in dieser Beziehung die Anschauungen geändert und ist es nicht bekannt, dass jetzt der Chef eines jüdischen Bankhauses, wie das von Wertheimber und Eskeles, auf einen derartigen Titel ambitioniren würden. Wie übrigens bekannt ist, war Samuel Halewi (1027—1055), Minister des Königs Habus in Spanien, zugleich Rabbiner (Nagid-Nassi).

---

[18]) Bekanntlich zog Jonathan Eibeschitz, kurz vor der Vertreibung der Juden aus Prag, 1744, ebenfalls als Rabbiner nach Metz.

Noch wollen wir den Namen eines Predigers erwähnen: Abraham ben Benjamin Seeb, gestorben 1726. Derselbe ist Verfasser mehrerer Werke. (Vergl. Steinschneider's Catalogus S. 670). Er unterschrieb sich: Abraham Sohn Moses Kelin (Köln) der Deutsche.

Wir gedachten oben des Moses Maor Katon, der Rabbiner und Arzt war. Ausschliesslich Aerzte waren Med. Dr. Elia Halfanus, gestorben 1624, der in der Schultergasse wohnte, aus dessen Nachlass die hiesige Hofbibliothek Bücher und Manuscripte besitzt; ferner Med. Dr. Aron Maor Katon (Lucerna), gestorben 1643. Dieser war ein Schwiegersohn des bereits genannten Veit Munk. (Vergl. unsere Geschichte der Juden in Wien. S. 40.[19])

Man würde jedoch irren, wenn man glauben wollte, dass diese Aerzte hier in Wien promovirt wurden. Wohl studirten in Wien, wie in Prag zu den Zeiten Maria Theresia's Juden Chirurgie, (vergleiche unsern Artikel: „Eine Schlägerei zwischen christlichen und jüdischen Studirenden an der Prager Universität im Jahre 1777" in Rahmer's: „Jüdisches Literaturblatt" 1877, Nr. 47), doch Doctoren konnten sie nicht werden. Daran hinderte schon der Eid de immaculata conceptione, der bei der Promotion geleistet werden musste. Van Swieten schrieb daher in einem Gutachten vom 11. Mai 1771: „Jamais un juif s'est presenté à l'examen à Vienne, et on le refusera toujours pour les raisons assignées[20]). Wahrscheinlich wurden genannte Aerzte an der Wiener Universität nostrificirt.[21])

Schliesslich wollen wir noch einige Persönlichkeiten hervorheben, die auf diesem Gottesacker zur ewigen Ruhe gebracht wurden, welche sich durch Werke der Menschenliebe ausgezeichnet haben.

---

[19]) Nr. 271 der Inschriften enthält das Epitaph einer Enkelin des Jacob Bassewi von Treuenburg, deren Sohn Ascher, aus der Familie Edomim (de Rossi), Arzt war.

[20]) Jene, die sich näher für diese Frage interessiren, verweisen wir auf unsere: „Studien zur Jubelfeier der Wiener Universität" S. 75.

[21]) Wie uns in Folge unserer Anfrage Herr Medicinalrath Dr. Preyss, Vicepräsident des Wiener medicinischen Doctoren-Collegiums, freundlichst mittheilte, kommen obige Namen in den Acta Decanatis hier nicht vor.

Da ist vor Allem Zacharia Lewi, gestorben 1664, zu nennen. Dieser Mann begründete neben der Synagoge, der jetzigen Pfarrkirche zu St. Leopold, eine Schule, und sorgte für den Unterhalt der armen Schüler und Jünger daselbst. Es war ihm erspart mit anzusehen, wie sein frommes und edles Werk zerstört ward, da er sechs Jahre zuvor die Augen schloss. Ihm voran ging 1656 seine Gattin Vögele, welche seine frommen Werke mitfördern half, und sein Sohn Juda Löb, gestorben 1663.

Koppel Lewi, der den Gottesacker gekauft hatte, ruht nicht auf demselben; er gehörte nicht zu Denjenigen, die wieder nach Wien zurückkehrten,[22]) wie überhaupt nur sehr wenige von den vertriebenen Juden zurückkehrten, da sie vielleicht befürchteten, dass sich eine ähnliche Katastrophe, wie sie sie bereits erlebt, wiederholen könnte. Der weitaus grösste Theil derselben war überdiess an den Bettelstab gekommen und die erste Bedingung, die man an Jene stellte, welche in Wien wieder aufgenommen werden wollten, war — Geld.

Ueber die Dioscuren Samuel Oppenheimer (gestorben 3. Mai 1703) und Samson Wertheimber hatten wir bereits wiederholt Gelegenheit zu berichten.

Wir wollen hier nur einige Notizen über die Wirksamkeit Oppenheimer's beifügen, die wir dem jüngst erschienenen Werke: „Feldzüge des Prinzen Eugen von Savoyen", herausgegeben vom österreichischen Generalstabe, Wien 1878, entnehmen.

Oesterreich sah sich 1701 genöthigt, seine in Spanien stehenden Truppen nach Vorderösterreich zu dislociren. Am 1. Mai brachen die Regimenter von Terragona auf und mussten sich förmlich durchbetteln. In den beiden Städten Rheinfelden und Laufenberg, in Vorderösterreich, wo die Regimenter vorläufig in Garnison blieben, weigerte man sich, den kaiserlichen Soldaten auch nur die einfachste Hausmannskost auf Credit zu geben. Officiere und Mannschaft hatten einige Zeit hindurch nichts als trockenes Brod. Es musste erst nach Wien berichtet, bei der Hofkammer berathen

---

[22]) Jüngst fanden wir in einem Berichte der niederösterreichischen Regierung vom 14. Februar 1781 die Ansicht ausgesprochen, dass Koppel Lewi nicht aus eigenen Mitteln die 4000 fl. für den Gottesacker zahlte, sondern dass er blos Mandatar der Gemeinde war. Ob das blos die Privatanschauung der Regierung war, oder ob sich die Sache wirklich so verhielt, sind wir nicht in der Lage zu beurtheilen.

und schliesslich das Geld bewilligt, dann mit dem Banquier Oppenheim verhandelt werden. Erst als dieser das Geld in Augsburg angewiesen hatte, konnten endlich die darbenden Regimenter befriedigt werden. (I. Ser. III. Band, S. 63).

Im weiteren Verlaufe des Krieges wurde die Geldbeschaffung immer schwieriger, ja fast unmöglich. Die Stände der Kronländer verweigerten jedes weitere Opfer. Man wendete sich an den Adel, doch nur der Graf Czernin erklärte sich bereit, 1,200.000 fl. zu 6%, rückzahlbar in zehn Jahren, herzuleihen. Die Noth war so gross, dass man dem österreichischen Gesandten am englischen Hofe, Grafen Wratislaw, und dem in Haag, Grafen von Goëss, statt des Gehaltes Juwelen und Kleinodien aus der Schatzkammer sendete, die sie daselbst verkauften. Der Oberfactor und Hofjude Samuel Oppenheimer wurde jedoch nicht müde, stets wieder Geld dem Staate zu verschaffen. Als er 1703 starb, bildeten fünf Millionen (und diese wollten zu jener Zeit sehr viel sagen) nur einen Theil seines Guthabens beim Staate.[23])

Schliesslich erwähnen wir noch den bereits genannten Bernhard Eskeles, (gestorben 1753), von dem noch heute Stiftungen bestehen, und die Familie Sinzheim, aus welcher wir Jehuda Ephraim (gestorben 1740) hervorheben[24]), welcher den Stuhl oder die Klause Raschi's (Salomon ben Isak aus Troyes, geboren 1040, gestorben zu Worms 1105, der berühmte Commentator) zu Worms renovirte.

---

[23]) Es ist uns nicht bekannt, wo und wann zuerst ein Jude als Hoffactor ernannt wurde. Die Aufgabe der Hoffactoren war zunächst, Geldgeschäfte zu vermitteln, Darlehen zu machen, und während eines Krieges Lieferungen zu bewerkstelligen. Sie genossen besondere Privilegien. Die österreichischen Hoffactoren durften in Wien wohnen, Bediente halten, im Stillen die jüdischen Ceremonien üben, auf Reisen ein Gewehr tragen und Waaren als Zahlung für Schulden annehmen. Je mehr das Creditwesen sich ausbildete, desto überflüssiger wurden die Hoffactoren. Die letzte derartige Ernennung zum Hoffactor war die des Jacob Kaulla in Hechingen im Jahre 1801, welcher den Titel „kais. königl. Rath" führte. In Folge eines Vortrages der Hofkanzlei vom Jahre 1808 wurde beschlossen, keine Hoffactoren mehr zu ernennen.

[24]) Derselbe war ein Schwiegersohn Samuel Oppenheimer's.

II.
Der Währinger Friedhof.

Als der Gottesacker in Währing eröffnet wurde, hatte für die Juden Oesterreichs, und man darf es sagen, für die Juden im Allgemeinen, eine neue Aera begonnen. So klein und unbedeutend auch heute das Toleranzpatent erscheinen mag, denn was will es sagen, dass man Menschen, die nichts verschuldet haben, blos duldet; zu jener Zeit bedeutete es einen ungeheueren Fortschritt, und im Vergleiche zu der citirten Verordnung vom 5. Mai 1764, war der Umschwung ein ausserordentlicher. Er wirkte um so stärker, da die Zustände der Juden, mit Ausnahme in Amerika, damals überall schlechter waren. Und eigenthümlich genug hatten die Juden selbst im Laufe des Jahrhunderte lang dauernden Druckes, wir möchten sagen, den Massstab für das verloren, was den Menschen unter seinen Mitbürgern auszeichnet. Sie nannten sich mit Stolz „Tolerirte", und findet man noch auf Grabsteinen als Ehrentitel des Verstorbenen: „allhier tolerirt."

Das Ziel, das der Kaiser durch das Toleranzpatent erreichen wollte, war, „durch besseren Unterricht und Aufklärung, durch Verwendung auf Kunst und Wissenschaften, die Juden zu nützlichen Mitgliedern des Staates zu machen." Da auch er von den Vorurtheilen seiner Zeit befangen war, als wären die Juden schädliche Mitglieder und die jüdischen Gemeinden (Kahale, wie sie officiell genannt wurden) gewissermassen geheime Gesellschaften, die gegen den Staat agitiren, so wurde die Toleranz nur den betreffenden Personen auf eine gewisse Zeit gewährt. War diese verstrichen, musste um dieselbe neuerdings gebeten und dafür auch selbstverständlich gezahlt werden. Eine jüdische Gemeinde wollte der Kaiser jedoch in Wien gar nicht dulden. Es durfte daher keine Synagoge bestehen und kein Beamter bestellt werden etc. Die Juden besassen gemeinschaftlich blos den Gottesacker und das Frauenbad (Tuck), und zwar bestand ein Frauenbad in der Stadt und eines in einer Vorstadt (die nicht namentlich angeführt ist). Wenn irgend ein Erlass von Seite der Behörden an die Juden erging, musste er Allen zukommen oder vorgelesen werden, da kein Organ (Gemeindevorstand) vorhanden war, welches die Juden repräsentirte.[15])

Im Jahre 1787 gewährte der Kaiser den Juden, unter gewissen Bedingungen Grundbesitz in Wien und in Niederösterreich.[16]) Herr v. Hönigsberg wurde Besitzer der Herrschaft Velm in Niederösterreich, und Moses Hönig war Eigenthümer des Hauses Nr. 83 in der Währingergasse. Der Pacht von Realitäten war ihnen schon früher gestattet. So hatte Götz Gabriel Uffenheimer mit seinem Vater Gabriel die Salzgruben zu Hall in Tirol gepachtet, mit dem Rechte, das Salz in ganz Tirol verführen zu dürfen. Hingegen wurde die Erlangung der Toleranz noch während der Regierungszeit des Kaisers Josef II. erschwert. Nach einer Verordnung vom 23. Juni 1786 mussten die Toleranzwerber sich über ein Vermögen von 10.000 fl. und dessen Verwendung zu nützlichen Manufacturen und Fabriken ausweisen. Daher kam es, dass Personen, die die Toleranz hatten, welche jedoch nach dem Jahre 1786 zu Ende ging, dieselbe verloren, wenn sie nicht den Besitz von 10.000 fl. nachweisen konnten. Dieses Geschick drohte auch dem Josef und Isak Oppenheim im Jahre 1789. Sie bezeichnen sich im Gesuche als Söhne Samuel Oppenheimer's, sie dürften aber wohl dessen Enkel gewesen sein. Mit Hinblick auf die Verdienste Samuel Oppenheimer's gewährte ihnen der Kaiser die Toleranz, so lange sie sich ehrbar benehmen.

---

[15]) Es kamen Fälle vor, wo Juden für sich um eine Ausnahmsstellung baten. So ersuchte, 20. December 1787, Israel Löbl Hönig, k. k. niederösterreichischer Regierungsrath, Tabaksgefällen- und Cameralgefällen- Director, von den wegen der Judenschaft erlassenen landesfürstlichen Verordnungen eximirt zu sein, doch wurde diese Bitte nicht bewilligt.

[16]) Bezüglich des Ankaufes von Kirchengeräthen der aufgehobenen Klöster von Seite der Juden wurden Verhandlungen gepflogen, die wir in Rahmer's „jüdisches Literaturblatt", 1876, Nr. 7, veröffentlichten.

Allerdings kommen auch manche Toleranzgesuche vor, die in eigenthümlicher Weise begründet wurden. Der Brüssler Jude S a m u e l H a r t o p f ersuchte z. B. 1784 um die Toleranz, da er ein Mittel besitze, Mäuse und Ratten auszurotten; und diese Bitte wurde ihm gewährt.

Von Zeit zu Zeit empfanden die Behörden selbst den Mangel eines Organes der tolerirten Judenschaft, wodurch so manche Angelegenheit verschleppt wurde. Dies war z. B. schon im Jahre 1782 der Fall, als die Verordnung erschien, dass die Juden deutsche Familiennamen annehmen sollen. Als im Jahre 1784 der Befehl an sie erging, die Geburts-, Trauungs- und Sterbebücher in deutscher Sprache zu führen[17]), (die Seelenzahl der tolerirten Juden war damals 504 und die der jeweiligen anwesenden fremden Juden beiläufig 200), wiesen sie wiederholt darauf hin, dass sie keine Gemeinde bilden und keine Rabbiner anstellen dürfen; es sei daher kein Organ vorhanden, welches berechtigt wäre, die diesbezüglichen Anzeigen entgegen zu nehmen. Um der Wahrheit die Ehre zu geben, wollen wir auch eine weitere Motivirung der tolerirten Judenschaft nicht übergehen. Sie erklärte nämlich, es kämen sehr oft jüdische Frauen und M ä d c h e n aus der Provinz, welche in den Vorstädten entbinden, und da sei ihnen jede Controle unmöglich.

In Folge dieser Einwendungen erfolgte ein Decret, dass die tolerirten Juden jeden einzelnen Geburts-, Trauungs- und Sterbefall dem Magistrate anzeigen sollen.

Ein Verein bestand, der zwar nicht von der Behörde genehmigt war, von dem sie jedoch wusste, und das war der Verein zur Unterstützung von Kranken und zur Bestattung der Todten, die „Chewra Kadischa." Wie nämlich bekannt, regelte der Kaiser alle damals bestandenen frommen Stiftungen und Wohlthätigkeitsvereine.

---

[17]) Bei Trauungen musste die „Kethuba" (Ehecontract, der ausser den betreffenden Namen des Bräutigams und der Braut etc. stets gleichlautend ist), deutsch gelesen werden. Bei der Trauung des T_homas Neuhauser mit der Sara Löwin, am 18. April 1788, wurde die Kethuba hebräisch und deutsch gelesen. Der ex offo anwesende Polizeicommissär machte die Anzeige davon. Es erging hierauf am 28. Juni 1788 neuerdings die Weisung an die Juden, entsprechend den bereits wiederholt ergangenen Verordnungen, bei allen öffentlichen Handlungen die deutsche Sprache zu gebrauchen, dies auch bei Trauungen zu beobachten, und dürfe daher der Ehecontract blos in deutscher Sprache gelesen werden.

Er verlangte daher auch zu wissen, ob die tolerirte Judenschaft ebenfalls derartige Institutionen besitze. Er gab den Auftrag, einen gewissen Cosman Schlesinger, der dem Kaiser in einer Immediateingabe Klagen gegen das Spital vorbrachte, darüber auszuholen Dieses geschah und man erfuhr von dem genannten Vereine, der sowohl von der niederösterreichischen Regierung, wie von der Hofkanzlei günstig beurtheilt wurde; man liess ihn daher bestehen.

Da Ziffern am klarsten ein Bild geben, so dürfte es nicht ohne Interesse sein, die Einnahmen und Ausgaben der tolerirten Judenschaft in Wien kennen zu lernen. Es liegt uns ein derartiger Ausweis vom Jahre 1787 vor.

Ausgaben.

Jacob Berl[28]), Wärter im Spital, sammt Gehilfen u. Wärterin fl.	250.—
Dem Arzt fl. 150.— und für Wagen fl. 50.—	200.—
Barbier und Apotheker	500.—
Frauenbad in und vor der Stadt sammt Reparaturen	175.—
Der Chur bei St. Stefan	100.—
Dr. Allstern, Gemeindeadvocat	50.—
Steuern und Zinskreuzer vom Spital	12.—
Rauchfangkehrer und Kanalräumer	22.—
Reparaturen für das baufällige Spital	70.—
Kost für die Arrestanten zu Festzeiten und Osterbrod	140.—
Augenkranke ausserhalb des Spitals, zu Badecuren etc.	400.—
Die Verpflegung der Kranken im Spital zu 6 Köpfen, wöchentlich à 3 fl.	1000.—
Summe fl.	2919.—

Bevor wir zur „Bedeckung" dieser Ausgaben schreiten, wollen wir zu den angeführten Daten einige Bemerkungen machen.

Es ist selbstverständlich nicht im entferntesten ein Vergleich anzustellen zwischen den Ausgaben, die damals gemacht wurden, und jenen, die heute gemacht werden, welche sich auf 200.000 fl. belaufen. Es lebten in Wien im Jahre 1782 vierzig tolerirte Familien, im Jahre 1784, wie oben bereits angegeben, 504 Seelen und etwa 200 Fremde, und im Jahre 1789 bei 70 tolerirte Familien. Heute jedoch zählt die Wiener israelitische Cultusgemeinde bei 60.000 Seelen.

---

[28]) Berl war auch „Zehngebotschreiber" (Sofer) und „Diener sämmtlicher tolerirter Juden."

Es fehlen hier auch die Ausgaben für Rabbinat und Synagoge, für Lehrer und Schulen etc., da eben alle diese Institutionen und die betreffenden Functionäre nicht vorhanden waren. Es bestand blos das Spital, und ausserdem übten die Juden mildthätige Werke an Kranken auch ausserhalb des Spitals und sorgten für Arrestanten. Zu dem Posten Frauenbad wollen wir bemerken, dass die Obsorge für dasselbe damals dem Elias Drach anvertraut war, der es von seinem Vater übernommen hatte. Er hatte davon ein jährliches Einkommen von 400—500 fl., woraus hervorgeht, dass die jüdischen Frauen dasselbe oft benutzten.

Zu dem Posten „Chur bei St. Stefan" bemerkte der Referent der niederösterreichischen Regierung: „Nescio quo titulo." Wir haben die Provenienz dieser Steuer, welche bis zum Jahre 1865 entrichtet wurde, in unserer „Geschichte der Juden in Wien", S. 9, nachgewiesen.

Diese Ausgaben wurden durch den „Fleischkreuzer" gedeckt, d. h. es wurde bei dem sogenannten „Koscher" (rituellen) Fleische ein Aufschlag gefordert. Die Wiener Juden hatten diese indirecte Steuer aus eigener Machtvollkommenheit eingeführt; sie wurde jedoch nachträglich genehmigt. Sie hatten auch anfänglich diesen Fleischkreuzer in eigener Regie und stellten einen Controlor dem betreffenden Fleischer. Im Jahre 1786 nahm ihn der Fleischhacker Juda Pollak in Pacht und zahlte dafür jährlich 3000 fl. Er durfte das Pfund Rindfleisch, welches damals 6 kr. kostete, um $7^1/_2$ kr. und das Pfund Kalbfleisch, welches sonst 7 kr. kostete, um 8 kr. verkaufen. Wie es daher scheint, haben die Juden in Wien zu jener Zeit viel Fleisch consumirt.[29])

Diese Daten werden genügen, die Situation der Juden in Wien zur Zeit Josef II. zu kennzeichnen.[30]) Sie war ungemein besser gegen früher; sie mussten nicht mehr den „gelben Fleck" tragen und Leibmauth zahlen etc.; aber sie waren blos „tolerirt"

---

[29]) Als Curiosum wollen wir Folgendes anführen: Die Pächter des jüdischen Fleischaufschlages in Galizien petitionirten im Jahre 1785, dass die Juden, die kein Rindfleisch essen wollen, dazu zwangsweise verhalten werden; doch wurde diese Bitte abgewiesen.

[30]) Als ich im Jahre 1876 meine „Geschichte der Juden in Wien" veröffentlichte, glaubte ich das gesammte diesbezügliche Materiale, das sich in den hiesigen Archiven vorfindet, verwerthet zu haben. Nachträglich fand ich jedoch zersprengt und zerstreut bei Gegenständen, die nicht direct mit Juden in Verbindung stehen, werthvolle Notizen, die ich hier benützte.

und das behagliche Gefühl, in Wien heimisch zu sein, dass die Wiege ihrer Kinder und Kindeskinder in der Stadt stehen werde, wo sie dereinst (falls ihnen nicht etwa noch bei Lebzeiten die Toleranz entzogen wird) im Grabe ruhen werden, hatten sie nicht; wussten sie doch unter den gegebenen Verhältnissen nicht, ob sie selbst dereinst in Wien ruhen werden. Es ist daher leicht begreiflich, dass ihnen der Auftrag, den Gottesacker in der Rossau zu schliessen und einen neuen Platz zum Gottesacker anzukaufen, nicht gerade sehr erfreulich war.

Wie wir bemerken wollen, wurde die Frage wegen Verlegung der Friedhöfe, die damals noch zumeist in der innern Stadt waren, ausserhalb der „Linien" (dem Weichbilde der Stadt) schon unter der Kaiserin Maria Theresia ventilirt. Die Stadt wurde nämlich im Laufe der Zeit für die Einwohner zu enge, (sie zählte zu Ende der Regierungszeit der Kaiserin 200.000 Einwohner, und waren durchschnittlich jedes Jahr bei 10.000 Leichen); dazu kam, dass Wien, wie bekannt, in früheren Zeiten häufig von Pest und Seuchen heimgesucht wurde[31]). Man glaubte daher, dass es im Interesse der Sanität sei, die Friedhöfe ausserhalb der Stadt zu verlegen. Als Josef zur Regierung kam, wurde der Grundsatz aufgestellt, dass die Verlegung der Friedhöfe ausserhalb der Stadt nicht blos in Wien, sondern aller Orten, wo es nothwendig erscheint, Platz greife. Was Wien selbst betrifft, so befürwortete das erzbischöfliche Consistorium einen Centralfriedhof; doch riethen die niederösterreichische Regierung und die Hofkanzlei davon ab, da dadurch Jenen, die entfernt von demselben wohnen, grosse Beschwerlichkeiten erwachsen würden.

[31]) Die Kaiserin hatte befohlen, dass Leichen jener Personen, die an einer Seuche etc. sterben, mit Kalk bestreut werden, damit sie rascher verwesen. Josef wollte dann diese Massregel auf alle Leichen ausgedehnt wissen. Doch stiess dieselbe auf heftigen Widerstand, und der Kaiser sah sich 1785 veranlasst, den betreffenden Befehl zurückzunehmen. Er rescribirte bei dieser Gelegenheit: „Da ich sehe, dass die Begriffe der Lebenden noch so materialistisch sind, dass sie einen unendlichen Preis darauf setzen, dass ihre Körper langsamer faulen und länger ein stinkendes Aas bleiben, so ist mir wenig daran gelegen, wie sich die Leute wollen begraben lassen, und werden Sie erklären, dass ich . . . keinen Menschen zwingen will, vernünftig zu sein." (In den Wiener medicinischen Blättern veröffentlichten wir 1879, Nr. 1, ein Gutachten Gerhard van Swieten's über Leichenverwesung).

Am 22. September 1783 erstattete die Hofkanzlei den Vortrag über diese Angelegenheit an den Kaiser. In demselben heisst es: „Was die Freudhöfe der Juden und Nichtunirten anbelangt, so hätten solche auch dieser allgemeinen Anordnung zu unterliegen, und wären folglich ausser den Linien zu versetzen."
Diesem Antrage entsprechend, lautete der Passus in der Resolution des Kaisers: „Für die Juden und Türken aber hat die Regierung auch einen Ort ausser den Linien anzuweisen."
Es ergingen hierauf an die Unterbehörden und an die tolerirte Judenschaft im Sinne der angeführten kaiserlichen Resolution die betreffenden Erlässe.

„Sämmtliche tolerirte Judenschaft" unterbreitete hierauf am 22. December 1783 ein Majestätsgesuch, das sie direct dem Kaiser überreichte. In demselben wiesen sie zunächst darauf hin, dass sie in nicht ferner Zeit eine „gründliche Vorstellung" wegen der „Uebersetzung" des jüdischen Gottesackers machen werden; vorläufig baten sie jedoch, ihre Todten noch auf dem alten Friedhofe begraben zu dürfen. Falls ihre Bitte seinerzeit nicht berücksichtigt werden sollte, so werden sie den neuen Gottesacker aus eigenen Mitteln ankaufen, und wird kein Vorschuss sofort und um so weniger die Veräusserung des jetzt bestehenden jüdischen Friedhofes nothwendig sein.

Zum Verständnisse des letzten Absatzes muss bemerkt werden, dass die Mittel zum Ankaufe der neuen Friedhöfe, wo es nöthig war, aus dem Religionsfonde geleistet wurden. Hingegen fiel demselben der Erlös, den die alten Friedhöfe, (Platz, Baumaterial etc.) gewährten, zu. Die Juden jedoch wollten den alten Friedhof nicht aufgeben, sie leisteten daher im Vorhinein auf irgend einen Beitrag Verzicht.

Bevor dieses Gesuch erledigt ward, starb am 27. December 1783 ein Kind des N o e L o w o s i t z. Die Judenschaft, u. z. in deren Namen der Vorsteher der Chewra Kadischa, D a v i d W e r t-h e i m, bat, die Hofkanzlei möge gestatten, das verstorbene Kind auf dem alten Friedhofe begraben zu lassen, da den Juden noch kein Platz zum neuen Friedhofe angewiesen sei. Diese Bitte wurde genehmigt. Es erging jedoch am 7. Jänner 1784 eine scharfe Weisung an den Magistrat, „ohne allen Verschub" einen Begräbnissplatz für die Juden zu bestimmen und ihn der Regierung namhaft zu machen.

Der Magistrat steckte diese scharfe Weisung nicht ruhig ein. In einer Eingabe praes. 28. Jänner 1784 wies er darauf hin, dass er den Juden bereits den Platz vor der Währinger Linie und den Türken ausser Matzleinsdorf bewilligt habe. Die Juden hätten daher das verstorbene Kind auf dem neuen Friedhofe begraben können. Wenn „der Jude Wertheimer" angibt, er hätte keinen Schlüssel gehabt, so müsse bemerkt werden, dass weder die Juden noch die Türken die Schlüssel abholen wollen.

Um weiteren Irrungen vorzubeugen, wurden ihnen daher am 30. Jänner 1784 die Schlüssel gegen Recepisse überschickt. Die Area, welche den Juden vor der Währinger Linie angewiesen wurde, betrug 1¹/₁, Wiener Joch.[32])

In einer Weisung der niederösterreichischen Regierung an den Magistrat vom 23. August 1784 über die Friedhöfe im Allgemeinen heisst es:

3. Ist die Errichtung des jüdischen Friedhofes und die Einkaufung des dazu nöthigen Grundes der Judenschaft, welche Alles aus ihrem Eigenen zu bestreiten hat, vollständig zu überlassen und ist ihnen der erforderliche Grund, gegen Bezahlung von der Behörde nicht zu verweigern. Die Judenschaft hat auch alle auf sothanem Grunde haftenden Gebühren für sich zu entrichten.

Die Kosten für denselben sammt Adaptirungen etc. betrugen in runder Summe 7000 fl., die durch freiwillige Beiträge gedeckt wurden.

Im Jahre 1835 stellte sich bereits die Nothwendigkeit heraus, den Gottesacker zu erweitern und es wurden daher, nach behördlicher Genehmigung, weitere 400 Quadrat-Klafter von den Barnabiten, welche die Eigenthümer des Bodens waren, angekauft.

Im Laufe der Zeit wuchs die Kopfzahl der Juden in Wien, trotz der bestandenen Toleranzgesetze immer mehr, und nach den Märztagen des Jahres 1848 stand den Juden kein Hinderniss mehr im Wege, in der Residenzstadt leben zu dürfen. Im Jahre 1855 hatte die Seelenzahl der Juden bereits bei 15000 betragen, man musste daher daran gehen, einen neuen Begräbnissplatz zu adaptiren, oder, wozu sich die Gelegenheit bot, den bestehenden durch Ankauf eines daran stossenden Grundstückes zu erweitern. In practischer Weise that man letzteres. Es wurde der an den

---

[32]) Ein Wiener Joch = 1600 Quadrat-Klafter.

Gottesacker anstossende, noch unbebaute Grund gegen die Ostseite, im Umfange von 3055 Quadrat-Klaftern, um 5 fl. Conv.-Münze pr. Klafter angekauft und der betreffende Kaufvertrag am 31. Jänner 1856 abgeschlossen.

Da jedoch zu jener Zeit die provisorische Verordnung vom 2. Oct. 1853, über deren Provenienz wir in unserem: „Josef Wertheimer" S. 80—85 genauere Aufschlüsse gaben, bestand, nach welcher den Juden der Ankauf eines Realbesitzes verboten war, musste erst die kaiserliche Genehmigung zum Ankaufe dieses Grundcomplexes eingeholt werden. Diese erfolgte am 25. Juli 1856.

So weit waren die Sachen in Ordnung. Nun fragte es sich, in welcher Weise die Kosten für denselben, dessen Einfriedung, etc. herbeigeschafft werden sollen. Die Frage war um so schwieriger, da zu jener Zeit eben das neue Gotteshaus in der Leopoldstadt, Tempelgasse, gebaut wurde, welches grosse Kosten in Anspruch nahm, die nur theilweise durch ein Anlehen gedeckt wurden. Da veranstaltete die Chewra Kadischa am 4. Juni 1857 ein Festmahl. Prediger Mannheimer hielt eine zündende Rede, in welcher er die Anwesenden aufforderte, Beiträge zum Ankaufe des neuen Grundstückes zu leisten. Ihm folgte Sichrowsky mit einer Ansprache, die denselben Zweck verfolgte. Und dieser wurde in glänzender Weise erreicht. Die Zeichnungen betrugen 25.683 fl. Da überdies bei Gelegenheit dieses Festmahles zahlreiche neue Mitglieder dem frommen Vereine beitraten und Jahresbeiträge leisteten, so konnten alle Kosten für den Ankauf des Grundstückes und die Herstellung der Baulichkeiten bestritten werden. Ueberdies wurden auf dem Gottesacker neue Alleen und Wege angelegt, und die Zugänge zu demselben vermehrt und verbessert.

Nachdem jetzt auch dieser Raum belegt ist, hat die Gemeinde eine Parzelle auf dem Centralfriedhofe gekauft, und wird der Gottesacker vor der Währinger Linie am 4. März 1879 geschlossen werden.

Indem wir daran gehen, Umschau auf dem Friedhofe, der jetzt geschlossen werden soll, zu halten, kann es nicht unsere Absicht sein, all' diejenigen Männer und Frauen, die da zur ewigen Ruhe eingegangen sind, welche sich im engeren oder im weiteren Kreise Verdienste, oder durch literarische und wissenschaftliche Leistungen einen Namen erworben haben, zu nennen. Wir wollen nur da und dort Persönlichkeiten herausgreifen, die es insbesondere verdienen, dass ihrer gedacht werde. Es ist alte, fromme, jüdische

Sitte, die Todten um Verzeihung (Mechila) zu bitten, dass sie verzeihen mögen, wenn man sie etwa im Leben gekränkt oder beleidigt haben sollte. Möge es uns auch vergeben werden, wenn wir vielleicht über manche, die genannt zu werden verdienten, hinweggehen.

Vor Allen gedenken wir David Wertheim's, gestorben 26. August 1817 im Alter von 78 Jahren. Dieser Mann, Enkel von Samson Wertheimber, war der Neubegründer der Chewra Kadischa im Jahre 1764 und wie es scheint, gehörte er bis zu seinem Tode zum Vorstande derselben. Wie wir oben anführten, intervenirte er im Jahre 1783 bei einem Todesfalle. Als es der tolerirten Judenschaft nach langen Bemühungen im Jahre 1792 gelang, Vertreter wählen zu dürfen, wurde David Wertheim neben Salomon v. Herz, geboren in Mainz, gestorben 3. März 1825, und Aron Leidesdorf, (gestorben 19. Februar 1814) gewählt.

Nebst diesen erwarben sich Verdienste um die Chewra Kadischa, respective um deren Regeneration, Benjamin Landesmann, gestorben 7. September 1831. Derselbe wirkte auch als Schriftsteller, und ist der Verfasser eines Religionslehrbuches „Maïne Joscher", dessen wir ausführlich in unserer „Geschichte der Juden in Wien", S. 127, gedachten.

Ferner Löb Engel, gestorben 3. August 1840, 84 Jahre alt.

Während 40 Jahre, vom Jahre 1817 bis 1857, war der Vertreter der Gemeinde Heinrich Ritter v. Sichrowsky (gestorben 10. Juli 1866) Vorsteher der Chewra Kadischa. Er erwarb sich, wie bekannt, ein grosses Verdienst um das Zustandekommen der Kaiser Ferdinands-Nordbahn. Wir veröffentlichten eine Biographie desselben in unserer Geschichte der israelitischen Cultusgemeinde in Wien 1820—1860, S. 69.[33])

Mit ihm zugleich versahen längere Zeit dieses Amt: Moriz Königswarter, Schwiegersohn von David Wertheim (gestorben 12. Juni 1829), welcher zur Zeit, als das Bethaus in der Stadt, Seitenstettengasse, im Jahre 1826 eröffnet wurde, Bethausvorsteher war.

Marcus Hirsch Weikersheim, gestorben 16. Jänner 1863.

Albert Strauss, gestorben 2. Jänner 1875.

---

[33]) Um die Begründung der Nordbahn machte sich auch Samuel Biedermann, gestorben in Ischl 7. October 1878 (Kol Nidre), verdient.

Nachfolger derselben waren E m a n u e l B i a c h (gestorben 9. December 1872), welcher sich rege bei der Gründung des Vereines für mittellose israelitische Studirende in Wien betheiligte, und Dr. I g n a z Edler v. H o f m a n n s t h a l, (gestorben 11. Juni 1876). Alle diese Männer waren längere Zeit Mitglieder des Vorstandes der israelitischen Cultusgemeinde.

Die Absichten des Kaisers Josef II., die Juden dem grossen Strom der allgemeinen Bildung zuzuführen, wurde bald verwirklicht. Schon am 4. Mai 1803 starb J o s e f, Sohn des I s a k W o l f N a s s a u (dieser, gestorben 25. März 1836, bestimmte 6000 fl. zu wohlthätigen Institutionen) 18 Jahre alt, Hörer der Philosophie. Es dürfte dies vielleicht der erste israelitische Jüngling gewesen sein, welcher rite das Gymnasium absolvirte.³⁴)

Am 26. Jänner 1806 starb C a r l A b i n e r i, Apothekersubject. Wir erwähnen diesen Todesfall aus dem Grunde, weil die Juden bis zu den Zeiten Kaiser Josef's nicht Apotheker werden durften, und unter Kaiser Franz wurde dieses Gewerbe den Juden neuerdings verboten. Erst seit neuester Zeit ist es ihnen wieder gestattet, Apotheker zu werden.

Med. Dr. S a m u e l O p p e n h e i m e r, Spitalsarzt, ein Nachkomme des wiederholt genannten Samuel Oppenheimer, starb am 20. November 1807, 72 Jahre alt. Er hatte seine Studien nicht in Wien, sondern in Utrecht, in den Niederlanden, gemacht. Nachdem er in Pest überprüft worden war, gestattete ihm Josef II., gegen den Ausspruch der medicinischen Facultät in Wien, am 12. Februar 1786 die Praxis in Wien. (Vergl. u n s e r e Studien zur Jubelfeier der Wiener Universität S. 88.)

Zu seinem Nachfolger im jüdischen Spitale wurde am 1. Mai 1806 Med. Dr. E l i a s H i r s c h f e l d (gestorben 15. April 1815, 45 Jahre alt) ernannt. Dieser im Vereine mit dem Spitalsverwalter A s c h e r M a t z e l begründeten am 1. Jänner 1815 die Aushilfscassa zur Betheiligung armer, austretender Reconvalescenten. Letzterem verdienstvollen Manne, welcher von den Kaisern von Oester-

---

³⁴) Am 7. October 1809 starb dem L a z a r A b i n e r i ein Kind. Im Todtenbuche wird dem Vater der Character beigelegt: P r o f e s s o r d e r i t a l i e n i s c h e n S p r a c h e a m k. k. T h e r e s i a n u m. Wie mir jedoch Herr Dr. A l o i s E g g e r, Ritter von Möllwald, Director am Theresianum, mittheilte, kömmt in den dortigen Indices dieser Name nicht vor.

reich und von Russland decorirt wurde, was zu jener Zeit viel sagen wollte, hielt der Prediger Mannheimer am 24. November 1842 die Grabrede, welche im Drucke erschienen ist. Matzel, ursprünglich Kaufmann, widmete sich aus eigenem Antriebe dem Spitalsdienste. Während des Krieges gegen die Türken fungirte er mit vielem Geschicke im Krankenhause in der Festung Leopoldstadt, wofür er ein Belobungsdecret und vom Kaiser einen Ring erhielt.

Der Nachfolger Hirschfeld's als Primararzt im jüdischen Spitale war Dr. Zacharias Wertheim, (gestorben 31. December 1852). Dieser regte die Frage über Meziza, das Aussaugen des Blutes bei der Circumcision durch den Mund, an. Der sel. Rabbiner Horwitz wendete sich an den Rabbiner in Pressburg Moses Sofer, und dieser erklärte, dass die Meziza auch mittelst des Schwammes etc. vorgenommen werden könne. (Das Gutachten ist abgedruckt in den „Kochbe Jizchak" von M. E. Stern, I. Heft, und reproducirt im 28. Heft, S. 109. u. ff.)

Selbstverständlich wollen und können wir nicht die Namen aller auf diesem Gottesacker ruhenden jüdischen Medicinae Doctores nennen, da eben deren Zahl im Laufe der Zeit wuchs und sehr gross ist; jedoch wollen wir den Med. Dr. Eduard Schwarz (gestorben 22. September 1862) anführen. Dieser betheiligte sich bei der Weltumseglung der österreichischen Fregatte „Novara" und veröffentlichte dann den medicinischen Theil der betreffenden Publikationen.

Dieser Friedhof beherbergt noch einen anderen Weltumsegler: Benjamin Salomon Spitzer, Bürger zu New-Orleans, gestorben 1820. Auf seinem Grabsteine heisst es: „Als nordamerikanischer Schiffscapitain umsegelte er zweimal unsere Erde."

Schliesslich ist hier noch anzuführen Salomon Reinman (gestorben 4. Jänner 1873), Urenkel des Jecheskel Rachabi. Er bereiste Indien, China, Persien und Arabien. Im Besitze des Herrn Predigers Dr. A. Jellinek befindet sich ein handschriftliches Werk seines Urgrossvaters über indische Religion, Mythe, Geschichte und Kalender (vergl. A. Jellinek Bet ha-Midrasch V., Einleitung S. XLIV).

Die Bildung der Juden wurde jedoch nicht blos dadurch grösser, dass ihnen die allgemeinen Schulen geöffnet waren, auch im Innern regte sich ein frischer rühriger Geist. Es blühte neues Leben aus den Ruinen.

Wir nennen Meier Obernik, Buchdruckereiassocié, gestorben 6. November 1805, 41 Jahre alt. Man weiss, von welcher Bedeutung die Uebersetzung des Pentateuchs und der Psalmen von Mendelssohn für die Juden wurde. Der Buchdrucker Anton Edler v. Schmid in Wien, der das Privilegium für hebräischen Druck besass, ging daran, sämmtliche Bücher der heil. Schrift übersetzen zu lassen, zu welchem Zwecke er sich mit geeigneten Persönlichkeiten verband. Meyer Obernik übersetzte und commentirte die Bücher Josua und Richter und das erste Buch Samuel. Nebenher wollen wir bemerken, dass die deutsche Uebersetzung mit hebräischen Lettern gedruckt ist und wurden die citirten Mendelssohn'schen Uebersetzungen benützt. — Von Obernik erschien auch mehreres in der bekannten und berühmten, jetzt sehr seltenen hebräischen Zeitschrift: „Meassef," die unter den Auspicien Mendelssohn's zu erscheinen begann. Seine Beiträge sind mit ר"מ gezeichnet.

Leon (Jehuda Leb) Benseew, Wolf, gestorben 47 Jahre alt am 17. Februar 1811.[35]) Dieser schrieb in hebräischer Sprache die Einleitung zu den einzelnen Büchern der heil. Schrift (über Verfasser, Inhalt etc.) der obenangeführten Schmid'schen Bibelausgabe. Er veröffentlichte ferner eine hebräische Fibel, Messilath halimud, eine hebräische Grammatik Talmud l'schon ibri, und ein hebräisches Wurzelwörterbuch Ozar hascharaschim, und trug in solcher Weise in hohem Grade dazu bei, das arg vernachlässigte Studium der hebräischen Sprache zu heben.[36])

[35]) Wir geben dieses Datum nach dem hier befindlichen Todtenbuche der Chewra Kadischa. Sonst setzt man den Todestag auf den 25. April. (Vergl. Steinschneider: Catologus Nr. 95.)

[36]) Um diese Zeit lebte in Wien auch Herz Homberg (gestorben in Prag am 24. August 1841). Dieser war der erste, der die behördliche Concession zur Errichtung einer Religionsschule für jüdische Knaben und Mädchen in Wien erhielt. Vielleicht dürfte Manche die Einladung zum Besuche derselben, die uns gedruckt vorliegt, interessiren. Sie lautete:
„Eröffnung einer Lehranstalt für die isr. Jugend."
Die hochlöbliche k. k. Studienhofcommission hat dem Unterzeichneten gnädigst bewilligt, eine Unterrichtsanstalt zu eröffnen und Knaben und Mädchen der israelitischen Nation in abgesonderten Stunden in dem von Sr. allerhöchsten k. k. Majestät für die jüdischen Schulen vorgeschriebenen religiös-moralischen Lehrbuche: Bne Zion in deutscher Sprache zu unterrichten. Den halbjährigen Prüfungen dieser Lehranstalt wird die k. k. Normalschulenoberaufsicht mit Zu-

Josef Veit, Bruder des bekannten Dompredigers zu St. Stefan, Secretär der Israeliten (gestorben, 52 Jahre alt, am 10. October 1833). Er veröffentlichte in deutscher Sprache mehrere interessante Beiträge zur Geschichte der Juden in Wien unter der Chiffre — הכ — in den „Bikure haïttim."

Juda Jeiteles, Sohn des Med. Dr. Jona Jeiteles in Prag, gestorben 6. Juni 1838, veröffentlichte zahlreiche Aufsätze in poetischer und prosaischer Form in den genannten „Bikure haïttim"; ferner „Mebo halaschon", Einleitung zur Erlernung der aramäischen Sprache etc.

Wir schliessen an diese Namen aus späterer Zeit: Dr. Max Letteris, (gestorben 19. Mai 1871), der mit ausserordentlicher Virtuosität die hebräische Sprache handhabte, wie dies seine „Nachdichtung" des „Faust" unter dem Titel „Ben Abuja" zeigt. Derselbe war auch Redacteur der Wochenschrift „Wiener Mittheilungen."

Maxmilian Emanuel Stern (gestorben 9. Februar 1873), veröffentlichte zahlreiche Schriften in hebräischer und deutscher Sprache. Seine in zwanglosen Heften erschienene Zeitschrift „Kochbe Jizchak" enthält viele wissenschaftliche Beiträge.

In jüngster Zeit, 2. Jänner 1879, starb Salomo Netter, Herausgeber eines Pentateuchs mit sechs Commentaren und den Targumim[37]).

Von nachhaltigstem und weitumfassendem Erfolge für die Bildung der Israeliten in Wien, ja man darf sagen im Kaiserstaate,

---

ziehung des Stadthauptmannschaftscommissärs und k. k. Rathsherrn Angermayer beiwohnen.

Das jährliche Schulgeld hat die h. k. k. Landesregierung auf 30 fl. W. W. für jedes Kind zu bestimmen geruht. Kinder unvermögender Eltern geniessen den Unterricht u n e n t g e l d l i c h.

Eltern, Pflegeväter und Vormünder werden demnach eingeladen, ihre Kinder und Mündel an diesem Unterrichte Theil nehmen zu lassen. Nähere Auskunft über die Einrichtung desselben ertheilt in seiner Wohnung (auf dem alten Fleischmarkt Nr. 796) täglich Morgens bis 9 und Nachmittags bis 6 Uhr.

Wien im Juny 1812.

Herz Homberg,
Vormaliger k. k. Oberaufseher der deutschjüdischen Schulen u. Censor der hebräischen Bücher in Galizien."

[37]) Bei dieser Gelegenheit gedenken wir der Frau Rebekka Hilberg, gestorben 12. Mai 1877, Tochter des bekannten Hebraisten und begabten Satyrikers, des Arztes Isak Erter.

war die Wirksamkeit des Predigers I s a k N o a M a n n h e i m e r, gestorben 18. März 1865, welcher gewissermassen die israelitische Gemeinde Wien's geschaffen hat. Wir versuchten es, seine Wirksamkeit in mehreren von uns veröffentlichten Werken (Geschichte der israelitischen Cultusgemeinde in Wien, Isak Noa Mannheimer, eine biographische Skizze, Geschichte der Juden in Wien etc.) zu schildern, auf die wir hier verweisen.

Mit diesem wirkten längere Zeit L a z a r H o r w i t z, Rabbiner, Abkömmling der bereits genannten Familie Horwitz, (siehe oben S. 13), gestorben 11. Juni 1868.[36]) Von demselben sind unter Anderem veröffentlicht Responsen : J a d E l a z a r; ferner der Religionslehrer L e o p o l d B r e u e r (gestorben 24. August 1872). Dieser veröffentlichte die Lehrbücher: „biblische Geschichte" und „Or thora", Leitfaden beim jüdischen Religionsunterrichte. Der würdige Chacham der türkischen Gemeinde, R u b e n B a r u c h, starb Mai 1875.

Unter den Rabbinen, welche in anderen Gemeinden fungirten und auf diesem Friedhofe bestattet wurden, erwähnen wir:

D a v i d O p p e n h e i m, zuletzt Rabbiner in Gross-Becskerek (gestorben 21. October 1876, 50 Jahre alt). Er veröffentlichte zahlreiche, von echt wissenschaftlichem Geiste getränkte Artikel in hebräischer und deutscher Sprache in verschiedenen Zeitschriften. (Allgemeine Zeitung des Judenthums, Neuzeit, Geiger's und Frankl-Grätz's Zeitschrift, Kobaks Jeschurun, Hamagid etc. etc.) Die Leichenrede, gehalten von seinem Sohne Dr. J o a c h i m O p p e nh e i m, ehemals Rabbiner in Carlsbad, jetzt Secretär der israelitischen Gemeinde in Brünn, ist gedruckt; ferner

M e i e r P o p p e r (Almás), zuletzt Rabbiner in Mattesdorf, der eine ausgebreitete Kenntniss auf rabbinisch-talmudischem Gebiete besass (gestorben December 1840).

---

[36]) Wie wir bereits an anderen Orten bemerkten, durfte der sel. H o r w i t z bis zum Jahre 1848 nicht den Titel Rabbiner führen, da die Israeliten Wien's eben keine Gemeinde bilden durften. Officiell wurde er „Koscherfleischaufseher" genannt. Der Vorgänger Horwitz's war M o s e s F i s c h e r. Dieser stand im Briefwechsel mit M o s e s M e n d e l s s o h n. Wie aus einem Briefe M e n d e l ss o h n's an F i s c h e r zu ersehen ist, beschäftigte sich Letzterer mit Logik, Grammatik und den mathematischen Wissenschaften. F i s c h e r stand auch mit dem ungarischen Aufklärungsapostel M o s e s K u n i t z e r in Correspondenz (Vergl. Dr. N. Brüll: Jahrbücher für jüdische Geschichte und Literatur, III. Jahrgang, S. 137, wo auch der Quellennachweis ist).

Ein scharfsinniger Talmudist war Johann Pope (gestorben 18. September 1861).

Da wir hier der Gründung der Gemeinde durch den seligen Prediger Mannheimer gedachten, so bietet sich uns die Gelegenheit, auch jener Männer zu gedenken, die sich sonst Verdienste um sie oder um Institutionen in derselben erworben haben.

Unter diesen nennen wir, ausser den bereits erwähnten:

Nathan Adam, nachher Freiherr von Arnstein, gestorben 6. September 1838, 91 Jahre alt, welcher unter den ersten Vertretern im Jahre 1793 war, und Bernhard, dann Ritter, später Freiherr von Eskeles, (gestorben 7. August 1839), Enkel von Samson Wertheimber, der ebenfalls schon 1793 Vertreter war und sich lebhaft bei den Reformberathungen im Jahre 1821 betheiligte. (Vergl. unsere „Geschichte der israelitischen Cultusgemeinde in Wien", S. 17 u. ff.)

Von Eskeles sagte Rahel (vergl. Denkwürdigkeiten von Varnhagen von Ense S. 258): „Eskeles liebe ich sehr, weil ihm seine Klugheit bis aus den Poren dringt; er isst, er schweigt, er lacht klug, er sagt lauter Selbstgedachtes, Originales. Ja, er amusirt mich im gewissen Sinne hier besser, als alle anderen Leute, weil er ganz altväterisch geblieben ist, mit geistigen Gaben, und ein reiches Leben über ihn weggegangen ist, welches er ganz nach seiner Art bearbeitet hat und lauter Originales davon ausgibt, mit der aisance des gelebtesten Menschen auf gut alttestamentarische Weise."

Nebenher mag bemerkt werden, dass Eskeles Director und dann Vice-Gouverneur der Nationalbank (jetzt österr.-ung. Bank) war.

Am 13. November 1820 starb der Vertreter Josef Lewy, der zu jener Zeit schon als Armenbezirksdirector fungirte. Er erhielt als kaiserliche Anerkennung die goldene Medaille.

Besonders hervorragende Verdienste um die Errichtung des alten Gotteshauses in der Stadt, Seitenstettengasse, im Jahre 1826 und um die Reformen, die Mannheimer einführte, erwarben sich die Vertreter Michael Lazar Biederman, gestorben 24. August 1843, und Isak Löw Hofmann, nachher Edler von Hofm a n n s t h a l,[39]) gestorben 2. December 1849, deren Biographie wir in unserer „Geschichte der israelitischen Cultusgemeinde in Wien 1820—1860" veröffentlichten; ferner Marcus Ritter von Neuwall (gestorben 26. Jänner 1838) und Ign. Ritter von Liebenberg, gestorben 10. Juni 1844; von letzterem sind mehrere Stiftungen im Betrage von 10.000 fl. für Waisen für den Pensionsfond und für den Handwerkerverein vorhanden.

Simon Edler von Lämmel, gestorben 18. April 1845, bekleidete kein Ehrenamt bei der Gemeinde, aber er interessirte sich lebhaft für Juden und Judenthum.

Noch wollen wir eines Beamten der Gemeinde aus früherer Zeit gedenken. Es war dies Koppel Markbreiter, gestorben am 31. December 1848. Er wurde im Jahre 1792 von Nicolsburg als Vorbeter nach Wien berufen, wo die Juden eine Betstube in der Stadt, Sterngasse, „zum weissen Stern" hatten. Er versah dieses Amt bis zur Zeit, als das neue Bethaus entstand, dann fungirte er als Vorbeter au Wochentagen.

Unter denen, die in letzter Zeit aus dem Leben schieden. und sich grosse Verdienste um die Gemeinde erworben haben, ist insbesondere zu nennen: Jonas Freiherr von Königswarter (gestorben 23. December 1871[40]). Er vereinigte in sich das echtjüdische warme, theilnahmsvolle Herz, mit durchdringendem Verstande und sprühendem Geist und Witz. Schon früher Jahre lang dem Vorstande der Gemeinde als Vertreter angehörig, wurde er, nachdem die definitiven Statuten der Gemeinde von den betreffenden Ministerien am 30. Juli 1867 genehmigt worden waren, in deren Folge der Vorstand eine neue Organisation erhielt, zum Präses gewählt, und versah er dieses vornehmste und erste Ehrenamt in der Gemeinde bis zu seinem Ableben. Obwohl es ihm nicht unbekannt bleiben konnte, welchen Einfluss er zu üben im Stande war, betrachtete er sich doch blos als primus inter pares und bewies dies insbesondere zur Zeit, als auf Grund der Beschlüsse der Leipziger Synode im Jahre 1871 einige Reformen im Gottes-

---

[39]) Hofmann schritt im Jahre 1788, als er heirathen wollte, um die Toleranz ein. Der Referent bei der niederösterreichischen Regierung hob hervor, dass sich der Hofsecretär von Wimmer über den Bittsteller günstig geäussert habe. Es wollte damals viel sagen, wenn ein Jude mit einem Hofsecretär näher bekannt war.

[40]) Die Grabrede, gehalten von Rabbiner Dr. M. Güdemann, ist gedruckt.

dienste beschlossen wurden. Selbst der conservativen Richtung huldigend, führte er in loyaler Weise die Beschlüsse der Majorität des Vorstandes aus. Die Stiftungen, die er hinterlassen, sichern ihm für alle Zeiten ein gesegnetes Andenken. Diese sind in Effecten: 5000 fl. für Reconvalescenten, 2000 fl. dem Frauenvereine, 5000 fl. dem Theresienkreuzerverein, 20.000 fl. für Studirende der jüdischen Theologie, 20.000 fl. dem Pensionsfond für die Beamten der Gemeinde und 60 000 fl. verschiedenen Wohlthätigkeitsinstituten (darunter 6000 fl. für Spitalsbetten). Ausserdem erbaute er auf eigene Kosten die Blindenanstalt auf der hohen Warte bei Döbling und richtete sie vollständig ein.

Dessen Gattin Josefine, die ihm in's Jenseits voranging, (gestorben 14. Mai 1861), widmete am 25. October 1846 2000 fl., deren Interessen dem Religionslehrer der Mädchen zufallen.

Der Wirksamkeit des Dr. Maxmilian Engel als Vertreter gedachten wir bereits oben S. 9 und wollen wir hier noch Bernhard Wertheim, gestorben 22. Juli 1854, und Josef Biedermann (Sohnes von Michael Lazar Biedermann), gestorben 1867, die Jahre lang Vertreter der Gemeinde waren, erwähnen.

Wir haben bisher Namen von Personen genannt, die in segensreicher Weise für Juden und Judenthum gewirkt haben. Der Währinger Friedhof gibt auch Zeugniss von dem Umschwunge auf politischem und socialem Gebiete zu Gunsten der Juden, der sich seit den Zeiten Josef II. bis auf den heutigen Tag vollzogen hat.[41]) Während die Juden damals „Tolerirte" waren, sind sie heute „Bürger", und bekleiden Staats-, Landes-, Gemeinde- und alle möglichen Ehrenämter. Juden haben Sitz und Stimme im Gemeinderathe, im Landtage, im Reichsrathe und in den Delegationen; und gereicht es uns zur besonderen Freude, dass wir in der Todtenliste, die wir geben werden, keine Gelegenheit haben, den Namen

---

[41]) Zur Characterisirung dieses Umschwunges gedenken wir hier des ehemaligen jüdischen Bürgermeisters zu Austerlitz Simon Milchspeiser, (gestorben 15. Februar 1871), Schwiegervater des Herrn Emanuel Baumgarten, Mitglied des Gemeindevorstandes. Seit dem Jahre 1848 sind nämlich speciell die jüdischen Gemeinden in Mähren zumeist nicht blos Cultus- sondern auch politische Gemeinden, deren Oberhaupt den Titel Bürgermeister führt.

eines Landtags- oder Reichsrathsabgeordneten, mit Ausnahme des Reichsrathsabgeordeten L u d w i g L a d e n b u r g, zu nennen. Eben so sind wir erfreut, nicht in die Nothwendigkeit versetzt zu sein, den Namen eines Künstlers oder einer Künstlerin, die „auf den Brettern, die die Welt bedeuten", sich mit Lorbeeren bedeckt haben, verzeichnen zu müssen. Möge es ihnen gegönnt sein, noch lange „im rosigen Licht" zu athmen.

Das äussere Judenzeichen, der gelbe Fleck, war wohl zur Zeit der Eröffnung des Währinger Friedhofes abgeschafft; aber noch bestand, wenn wir so sagen dürfen, der innere gelbe Fleck, d. h. Juden waren noch von der „Gesellschaft" ausgeschlossen: heute darf man sagen, hat dieser Unterschied, trotz der „Hetze" von gewisser Seite, aufgehört. Kaiser Josef machte den Juden die Schulen zugänglich; jetzt füllen sie die Volksschulen, stellen einen bedeutend höheren Percentsatz in die Mittelschulen und sind zahlreich an den Hochschulen vertreten; ja es gibt zahlreiche jüdische Lehrer an den Volks- und Bürgerschulen Wien's und jüdische Professoren an den Mittel- und Hochschulen. Die bei Schmid erschienene Bibelübersetzung wurde mit hebräischen Lettern gedruckt, weil die Juden diese besser und geläufiger lesen konnten: heute gibt es unter den Juden zahlreiche Schriftsteller, Dichter, Gelehrte, die in formvollendeter Weise die deutsche Sprache handhaben und Meister auf allen Gebieten der Kunst u. s. w. sind. Die Juden selbst, die damals in Wien 5—700 Seelen zählten, bilden heute die grösste und vornehmste Gemeinde des Continentes, und während der einzige Grundbesitz der Juden zu jener Zeit der Friedhof war, sind sie jetzt Hauseigenthümer, Herrschaftsbesitzer u. s. w.

Wir wollen nun einige wenige Namen zur Illustration des Gesagten anführen:

Israel Hönig Edler v. Hönigsberg, gestorben 19. Jänner 1808, war seit Bassewi von Treuenburg (siehe oben S. 14) der erste Jude, der (von Kaiser Josef) geadelt wurde. Wie bekannt, haben seitdem die Nobilitirungen der Juden immer mehr zugenommen. Es mag jedoch bemerkt werden, dass schon am 22. Juni 1813 eine jüdische B a r o n i n zur Erde bestattet wurde. Es war dies E l e o n o r e W e t z l a r Freiin von P l a n k e n s t e r n [*]), geborene

---

[*]) Deren Gatte wurde am 23. November 1777 in den Freiherrnstand erhoben, u. z. „für ihn und seine zum katholischen Glauben übergehenden Leibeserben"; die Frau jedoch blieb Jüdin.

Freistadt, 80 Jahre⁴³) alt, welche eine Stiftung im Betrage von 2700 fl. zurückliess.

Wenn wir den Namen der Baronin Fanny Arnstein (gestorben, 61 Jahre alt, am 8. Juni 1818) nennen, so erwecken wir Erinnerungen an die Congresszeit und an die Rolle, die diese Frau und ihr Haus damals in der Gesellschaft einnahmen. Hatte doch ihretwegen schon im Jahre 1786 ein Duell zwischen dem Fürsten Carl Liechtenstein und dem Domherrn Baron Weichs stattgefunden, das ungeheures Aufsehen machte. Josef II. sprach sie oft auf der Strasse an, wenn er ihr begegnete.

Deren Vater Daniel Itzig (gestorben 21. Mai 1799) war seit December 1775 bis zu seinem Lebensende Gemeindevorsteher in Berlin. Er wurde ein Mäcen armer Gelehrter und stand dessen schöne hebräische Bibliothek der Benützung Wissensdurstiger offen (vergleiche Zunz: Die Monatstage des Kalenderjahres S. 29).

Ihre Schwester Cäcilie (gestorben 27. April 1836) war Gattin des bereits genannten Bernhard Freiherrn von Eskeles. Sie verwendete sich beim obersten Kanzler Grafen Saurau, der öfters in ihr Haus gekommen war zu Gunsten des zu erbauenden Gotteshauses in der Seitenstettengasse.

Ihr Gatte, der bereits genannte Nathan Adam Freiherr von Arnstein, wurde schon unter Josef II. zu Finanzoperationen benutzt.

Es mag uns gestattet sein, über eine derselben zu berichten. Sie wirft ein Streiflicht auf verschiedene damalige Verhältnisse, weshalb wir uns veraulasst sehen, auch Momente hervorzuheben, die nicht direct zur Sache gehören.

Zur Zeit Josef II. gab es Quecksilber- und Kupfer-Amts-Obligationen, die mit unseren heutigen Salinenscheinen Aehnlichkeit hatten; dann gab es Staatsschuldverschreibungen, die au porteur lauteten, welche eingelöst werden konnten. Bekanntlich ist dies jetzt bei den Papier-, Silber- und Gold-Renten-Papieren nicht der Fall, ebenso wenig, wie bei den früheren Metalliques-Obligationen, in welchen es blos heisst, dass der Inhaber diese oder jene Summe je nach der Höhe des Nominalwerthes, an Interessen bezieht; von der Bezahlung des Capitales ist nicht die Rede.

⁴³) Wir hatten bereits Gelegenheit, mehrere Personen zu nennen, die im hohen Alter starben. Samuel Götzl, k. k. Grosshändler, starb, 106 Jahre alt, am 9. November 1812.

Die Folge dieses Vorganges war, dass die Staatscassen in der Regel geschlossen wurden, sobald ein Krieg begann. Das Publikum verlor nämlich das Vertrauen und wollte die Staatspapiere einlösen, und dazu reichten die Mittel nicht aus. In ruhigen Zeiten verschmähte es die Regierung nicht, auf die Börse zu wirken und den Preis der Papiere zu poussiren oder zu halten.

Zur Zeit, als der österreichisch-russische Krieg gegen die Türkei im Jahre 1787 ausbrach, waren österreichische Papiere in Holland sehr beliebt. Am 17. October 1787 waren an der Börse zu Haag notirt: Russische Obligationen zu 4 Perzent 102. Desgleichen k. k. österreichische Obligationen zu 4 Perzent, österreichische Obligationen auf Quecksilber $102^{1}/_2$ bis 103, russische Obligationen zu $4^{1}/_2$ Perzent $102^{1}/_2$, und österreichische $4^{1}/_2$ perz. Obligationen zu $103^{1}/_2$.

Kaum war der Krieg ausgebrochen, so musste man sich nach finanziellen Hilfsmitteln umsehen. Unter anderen wurden auch Staatsrealitäten verkauft; den Käufern wurde die Begünstigung gewährt, dass sie statt des baaren Geldes $3^{1}/_2 \%$ Staatspapiere an Zahlungsstatt geben konnten. In den Provinzen entstand nun die Frage, wie hoch man diese Papiere annehmen könne, da daselbst die Curse der Wiener Börse nicht bekannt waren. Die Gubernien verschiedener Kronländer ersuchten daher, dass ihnen von Zeit zu Zeit der Börsenzettel zugeschickt werde.

Die Stiftungs-Hofcommission machte den Vorschlag, dass man die Staatspapiere nicht höher übernehmen solle, als wie solche an Orten, wo der Handel geschlossen wird, ohne allen Verlust gleich wieder verkauft werden können. In Folge dieser Massregel entstand an jedem Orte, wo Staatsgüter gekauft oder verkauft wurden, gewissermassen eine Börse in nuce.

Trotz des Krieges hat man jedoch nicht blindlings das Gebahren des Hofkriegsrathes gebilligt. Wir heben in dieser Beziehung aus einer Note der Hofkammer (jetzt Finanzministerium) vom 19. Mai 1787 folgenden Passus hervor: „Es muss dieser vereinigten Hofkanzlei allerdings daran liegen, so grosse Geldsummen nicht auf das Ungewisse zu verwenden (der Hofkriegsrath hatte bereits zu Kriegszwecken fünf Millionen erhalten), ohne von dem wirklichen Betrage der unterwaltenden Bedürfnisse eine gegründete Kenntniss zu erlangen."

Das Präliminare für das Jahr 1788 nahm für Militärausgaben 60 Millionen in Aussicht; so viel betrugen bis dahin die Gesammtausgaben des Staates. Um diese Summe zu decken, wurden verschiedene Mittel angewendet. Zunächst wurde sofort beim Ausbruche des Krieges eine Kriegssteuer ausgeschrieben. Die Erzherzogin Marianne, die Schwester des Kaisers, wollte von derselben befreit sein; doch der Kaiser rescribirte: „Da die von der kaiserlichen Familie ihre Capitalien ebenso wie andere Privatpersonen besitzen, so haben sie davon ebenfalls die Kriegssteuer zu entrichten."

Trotz dieser Kriegssteuer waren für das Jahr 1788 noch 29 Millionen zu bedecken. Der Kaiser liess der Jüdin Dobruschka in Brünn Klosterpretiosen zukommen, die sie verkaufen sollte. Da, wie es scheint, im Inlande kein Käufer war, so schickte sie einen gewissen Joske, der dem Kaiser bekannt war, nach Berlin, um dort Käufer ausfindig zu machen. Der Banquier Efraim Veitel wollte auf das Geschäft eingehen und nach Brünn kommen. Joske erstattete darüber direct Bericht an den Kaiser. Da jedoch die Hofkammer erklärte, es sei ihr der genannte Banquier nicht bekannt, so wurde das Geschäft sistirt. Hingegen war die Hofkammer geneigt, einen anderen Vorschlag Joske's zu acceptiren. Dieser sprach nämlich in Berlin den Hofbanquier Itzig, dessen Schwester Fanny eben die Frau des Banquiers Nathan Arnstein in Wien war. Itzig erbot sich, der österreichischen Hofkammer ein Darlehen von 10—15 Millionen unter viel besseren Bedingungen, als die holländischen und italienischen Banquiers, mit welchen die österreichische Regierung bis dahin in Verbindung gestanden war, zu verschaffen. Arnstein wurde daher geheim nach Berlin geschickt. In Wien hiess es, er sei nach Triest abgereist, und sein Pass, der vom Hofkanzler Grafen Kolowrat ausgestellt war, lautete, dass er über Berlin nach Hamburg in Handelsangelegenheiten reise.

Arnstein kam nach Berlin. Er blieb jedoch nicht daselbst, sondern zog auf das Landgut seines Schwagers in der Nähe Berlins, da seine Ankunft in Berlin unbekannt bleiben sollte. Er stipulirte mit ihm die Bedingungen zu einem Anlehen von 6—8 Millionen, wozu er Vollmacht hatte, und zwar zu 4 Perzent. Die ersten acht Jahre hätte es unaufkündbar liegen zu bleiben und dann sollte es in vier Jahren in vier gleichen Raten zurückgezahlt werden. Als Provision wurde festgestellt: 2% bei der Aufnahme des Darlehens, welche zugleich zurückbehalten werden konnten; $1/2\%$ bei der Interessenzahlung und $1/2°/_0$ bei der Rückzahlung des Capitals. Die Sache war so weit geordnet; man vergass jedoch bei dieser Gelegenheit, dass die preussische Regierung von der Sache Wind bekommen und dass sie dann suchen werde, dieselbe zu hintertreiben, da ihr die Allianz Oesterreichs mit Russland zuwider war und sie überdies die etwaigen Folgen dieses Krieges, wenn er zu Gunsten der alliirten Mächte ausfallen würde, fürchtete. Da überdies Itzig preussischer Hofbanquier war, so durfte er selbstverständlich Derartiges nicht unternehmen, da er befürchten musste, dass die preussische Regierung davon etwas erfahre. Und dass sie davon erfuhr, war nicht so schwer. Doch die preussische Regierung griff nicht direct ein; aber Itzig erhielt anonyme Briefe, aus welchen er erkannte, dass die Sache verrathen sei und sie zerschlug sich.

Man suchte nun die Anlehen mit den Banquiers, mit welchen Oesterreich schon seit Jahren in Verbindung stand, zu negociiren.

Die Hofkammer sprach sich auch gegen die Ansicht aus, die Zahl der Bankozettel zu vermehren. Dieselben seien von 12 auf 20 Millionen erhöht worden und würde man sie noch vermehren, so könnte der Credit des Staates dadurch sehr leiden. Falls das Publikum erführe, dass aus dieser Casse Geld zu Kriegserfordernissen genommen wird, so würde es befürchten, dass es nicht stets für die Bankozettel baares Geld, wie jetzt, erhalte.

Kaiser Josef rescribirte jedoch:

„Auf der Börse sind die Papiere gänzlich ihrem Schicksale zu überlassen; nur wenn die 4perzent. Bankopapiere zu stark herunterfielen und dadurch den Ausländern zu viel Vortheil im Erkaufen derselben, statt ihrer baaren Geldeinlagen, erwüchse, so sind diese in höherem Curse zu erhalten, bis dass kein Darlehen mehr zu 4 Perzent zu haben sein werde.

Da das Wort Krieg ein Uebel ist, welches Jedermann in seiner Art empfinden muss und zu ertragen hat, so ist auch den sämmtlichen Erbländern eine Kriegssteuer aufzulegen, welche nur durch die Zeit des Krieges zu dauern hat.

Es sind auch noch mit der gehörigen Vorsicht und auf alle Fälle zehn Millionen Bankozettel zu verfertigen, welche nach Umständen gebraucht werden können oder nicht. Ebenso sollen neue Kupfermünzen, ohne die alten einzulösen, in Curs gesetzt werden, besonders, wenn man in das feindliche Land kömmt."

Zur Ehre der damaligen Finanzverwaltung in Oesterreich müssen wir anführen, dass sie einen Sparpfennig zurückgelegt hatte, welcher in jenem Jahre 21 Millionen ausmachte.

Indem wir glauben, annehmen zu dürfen, dass diese Episode den Leser mindestens auf einige Momente der Leichenhofatmosphäre entzogen hat, müssen wir wieder zu unserem Gegenstande zurückkehren und unsere traurige Wanderung fortsetzen.

Wie bekannt, war Josef II. der erste Monarch, welcher die Juden, als der Krieg gegen die Türkei im Jahre 1788 ausgebrochen war, verpflichtete, beim Heere persönlich Militärdienste zu leisten. (Unter Ferdinand II. kamen sporadisch Fälle vor, dass Juden in den Heeresreihen standen; sonst zahlten sie eine Reluitionstaxe). Nachdem das Vorurtheil, das anfänglich in der Bevölkerung und in Militärkreisen gegen die Juden als Soldaten geherrscht hatte, besiegt war, (in den darauf folgenden zahlreichen Kriegen hatten die Juden wiederholt Gelegenheit, die Nichtigkeit dieses Vorurtheiles zu beweisen) liess man ihnen auch in dieser Beziehung Gerechtigkeit widerfahren. Im Jahre 1824 bereits finden wir einen k. k. Hauptmann in Pension, Anton Hönig, dessen Gattin am 13. Februar starb.

Während des Krieges gegen Preussen im Jahre 1866 wurde Josef Szántó zum ersten jüdischen k. k. Feldprediger ernannt. Derselbe starb zu Carlsbad am 29. April 1873 und wurde in Wien am 4. Mai beerdigt.

Bei dieser Gelegenheit wollen wir der Brüder Eppinger, Emanuel, gestorben 24. August 1846, und Dr. juris Josef, gestorben 18. Juli 1860, gedenken. Sie standen zwar nicht in den Heeresreihen, aber sie bekleideten gewissermassen militärische Chargen, die ihnen zur besonderen Ehre gereichten. Wie nämlcih bekannt, bestanden hier in Wien bis zum Jahre 1848 Bürgercorps. Wie der Name besagt, bestanden sie aus Wiener Bürgern, und nichtsdestoweniger waren beide Eppinger Hauptleute in diesen Bürgercorps, und zwar der erstere schon im Jahre 1823. Die Wiener Bürger emancipirten die Juden lange bevor sie der Staat emancipirte. Dr. Josef Eppinger war überdies ein vortrefflicher Sänger, wodurch ihm der Zutritt in die vornehmsten Häuser gegönnt war. Der berühmte

Orientalist Hammer-Purgstall sah sich sogar veranlasst, ihn zu besingen.⁴⁴)

Die Gleichstellung auf wissenschaftlichem Gebiete erfolgte fast sofort, nachdem die Freiheit im Jahre 1848⁴⁵) errungen ward, indem Dr. Jacob Goldenthal (gestorben 27. December 1868) zum Professor der orientalischen Sprachen an der Wiener Universität ernannt wurde. Er veröffentlichte unter Anderem: „Die neuerworbenen handschriftlichen hebräischen Werke der k. k Hofbibliothek zu Wien", Clavis talmudicae von R. Nissim etc.

Wie überdies bemerkt werden muss, wurde am Wiener Conservatorium für Musik schon im Jahre 1833 ein Jude, Josef Fischhof (gestorben 28. Juni 1857) zum Professor ernannt, der einer der bedeutendsten Bach- und Beethovenspieler war.

Als Dichter und Schriftsteller sind hervorzuheben: David Benedict Arnstein, geboren in Wien 15. October 1765, gestorben 6. Jänner 1841, welcher ästhetische Studien trieb und unter Anderm: „Eine jüdische Familienscene", Wien 1782, „dramatische Versuche", Wien 1787 etc. veröffentlichte. Dieser schritt im Jahre 1798 darum ein, ihm den Lederhandel zu gestatten. Die Regierung wollte dieses Gesuch nicht bewilligen, sie meinte, Arnstein beschäftige sich, mit der Aesthetik. Hierauf bemerkte die Hofkanzlei, 14. Juni 1799: „Der k. k. Regierung mit dem Bedeuten zuzustellen, dass, nachdem doch dem Bittsteller nicht zugemuthet werden kann, dass er immerfort ein Speculationsleben führen und sich seine ganze Lebenszeit allein mit der Aesthetik und Philosophie beschäftigen soll, ihm unbedenklich jene Erlaubniss zum Handel zu ertheilen sei, derer sich die übrigen hier tolerirten Juden zu erfreuen haben".

---
⁴⁴) Gefällige Mittheilung des Herrn Dr. L. A. Frankl, Ritter von Hochwart.

⁴⁵) Carl Heinrich Spitzer, Studirender der Technik, der bekanntlich am 13. März 1848 zuerst fiel, ist nicht auf dem Währinger Friedhofe, sondern mit den Märzgefallenen auf dem Schmelzer Friedhofe begraben. An dem Grabe derselben sprach auch der sel. Prediger Mannheimer. Wir citiren die Schlussworte dieser Rede: „Der Eine war seines Vaters einzig Kind, sein letztes, seines Herzens Trost und Freude! Sende ihm der ewige Vater den Trost aus dem Himmelreiche, dass an dem Tage, der mit allen seinen Schrecken und Grauen, als ein Ehren- und Freudentag in unseren Herzen angeschrieben steht, keine blutige Erinnerung hafte; und uns allen den Trost, dass aus diesen Gräbern ein neues Leben spriesst. Amen "

Ignaz Jeiteles, gestorben 19. Juni 1843, veröffentlichte ausser zahlreichen Journalartikeln, das werthvolle „ästhetische Lexicon", zwei Bände, Wien 1835.

Die Dichter Moriz Hartmann (gestorben 14. Mai 1872), und Dr. Samuel Hermann Ritter v. Mosenthal, k. k. Regierungsrath, Vorstand der Bibliothek im k. k. Ministerium für Cultus und Unterricht (gestorben 17. Februar 1877) haben einen weithintönenden Namen.

J. Sam. Tauber, Verfasser der „letzten Juden," „Quinten" etc. starb am 9. Jänner 1879.

Als politische Schriftsteller sind bekannt: Dr. Leopold Landsteiner, Redacteur der „Morgenpost" (gestorben 22. Februar 1875) und Adolf Neustadt (gestorben 7. Dezember 1875), letzterer war einige Jahre Vorstand der israelitischen Cultusgemeinde in Wien. Ausser mehreren selbstständigen Schriften, die dieser verfasste, war er Redacteur der „Pressburger Zeitung" und der „Pannonia", dann der bereits genannten „Wiener Mittheilungen" für jüdische Interessen, herausgegeben von Letteris, und schliesslich der „Oesterreichischen Zeitung."

Der Publicist Dr. Carl Ritter v. Weil, ehemals Redacteur der „Constitutionelle Zeitung" in Berlin, fungirte im Pressdepartement des Ministeriums der auswärtigen Angelegenheiten und des kaiserl. Hauses als Hofrath. Er hatte ein ausserordentlich warmes Herz und regen Sinn für die Interessen der Juden. Er starb 5. Jänner 1878.

Wie Weil ein Staatsamt, so bekleidete Salomon Brandeis-Weikersheim (gestorben 16. Jänner 1877) ein diplomatisches Amt; er war grossbritanischer Generalconsul.

Als Gemeinderäthe wirkten: Heinrich v. Wertheimstein, (gestorben 12. März 1859); Carl Schlesinger (gestorben 12. April 1872) die auch eine Zeit lang Mitglieder des Vorstandes der israelitischen Cultusgemeinde waren, und Dr. Edmund Lewinger, Hof- und Gerichtsadvokat, der sich als Vertheidiger in Strafsachen rasch einen Namen erwarb (gestorben 4. November 1869).

Ebenso mag hervorgehoben werden: Sigmund von Wertheimstein (gestorben 18. Juni 1854), Director der Nationalbank, (dessen Frau Anna, gestorben Mai 1849, bei Gelegenheit ihrer silbernen Hochzeit 7000 fl. zum Baue eines Siechenhauses widmete), der mehrere Stiftungen im Betrage von 9000 fl. machte.

Herman Ritter v. Wolff, gestorben 3. Mai 1878, war Director der Creditanstalt.

Ruhmreich für die jüdischen taubstummen Kinder wirkte Hirsch Kolisch, gestorben 11. December 1866, der ein jüdisches Taubstummeninstitut unter Leitung des k. Rathes Joel Deutsch in Nicolsburg begründete. Dasselbe übersiedelte im Jahre 1852 nach Wien und gelang es Kolisch, warm unterstützt vom Prediger Mannheimer, der Anstalt ein eigenes Heim zu verschaffen. In sehr verdienstlicher Weise betheiligte sich dabei: M. L. Kanitz, gestorben am 28. November 1872.

Friedrich Ritter v. Boschan, gestorben 6. December 1871, war ebenfalls Vorsteher des genannten Institutes und sehr wohlthätigen Sinnes.

Wir wollen nun derjenigen Männer und Frauen gedenken, welche sich speciell durch Werke der Menschenfreundlichkeit und Barmherzigkeit ausgezeichnet haben. Räumliche Verhältnisse verbieten es uns auch hier ausführlich und vollständig zu sein. Wohl wissen wir, dass es nicht allein darauf ankommt, was man gibt, sondern dass berücksichtigt werden muss, wer gibt und wie man gibt; und doch mussten wir uns Schranken setzen; und da wir uns nicht das Richteramt über Personen und Gesinnungen anmassen können noch wollen, so mussten für uns Zahlen entscheidend sein. In unserer „Geschichte der israelitischen Cultusgemeinde in Wien 1820—1860", S. 155 u. ff. haben wir übrigens ein ausführliches Verzeichniss aller Stiftungen, die bis zum Jahre 1860 gemacht wurden, gegeben, auf das wir verweisen.

Bezüglich der Frauen, die wir zu nennen haben, wollen wir jedoch eine Bemerkung vorausschicken.

Es ist gewiss, dass es schon in alter Zeit Vereine und Vereinigungen gegeben hat. In den Psalmen (26, 12; 68, 27) ist wiederholt von Sängerchören oder Vereinigungen die Rede. Ob auch die Prophetenjünger eine Vereinigung bildeten (lahakath hanebiim Samuel I, 19, 20 und Chebel Nebiim Sam. I, 10. 5) ist fraglich; ebenso ist es zu bezweifeln, ob die · Klageweiber (vergl. Jeremias 9, 26) unter sich eine Vereinigung bildeten. (Ueber Vereine im allgemeinen vergl. Löw: Ben Chananja 1865 Nr. 5.) Grätz Geschichte der Israeliten II. Theil, erste Hälfte, S. 129, meint, dass schon in den Zeiten des Profeten Jesaia eine Vereinigung der „Sanftmüthigen",

Anawim, bestanden habe, die noch zur Zeit Esra's vorhanden war. Wir wissen ferner, dass zur Zeit des zweiten Tempels der Orden der Essäer bestand, aus welchem der Stifter der christlichen Religion hervorgegangen sein soll. Der Talmud spricht wiederholt von Chaburoth, Vereinen oder Vereinigungen. — So weit jedoch Quellen vorhanden sind, ist denselben nicht zu entnehmen, dass es in alter oder in neuer Zeit unter den Juden Frauenvereine oder Verbindungen gegeben habe, wie dies bei den Christen der Fall ist (weibliche Congregationen und Orden). Wohl sagen schon die Alten, dass die Israeliten in Folge der Verdienste der frommen Frauen (Naschim Zadkanioth) aus der ägyptischen Sclaverei befreit wurden, und wie wir Eingangs dieser Schrift bemerkten, gibt es bis auf den heutigen Tag „Naschim Zadkanioth". Diese bilden jedoch keine derartige Vereinigung unter sich, wie dies bei den Männern der Fall war und ist. In den Sprüchen Salomonis, Cap. 31, wird das wackere Weib besungen; doch da wird ausschliesslich ihre Thätigkeit vom frühen Morgen bis spät in die Nacht („sie steht auf, wenn noch Nacht ist und gibt Speise ihrem Hause und das Tagewerk ihren Mägden, . . . es erlischt in der Nacht nicht ihre Leuchte") im Hause und für das Haus geschildert, wobei hervorgehoben wird, V. 20: „Ihre Hand bricht Brod dem Armen und ihre Hände streckt sie aus den Dürftigen." Von ihrem Manne heisst es V. 23: „Gekannt ist in den Thoren ihr Mann, wenn er sitzt mit den Aeltesten des Landes"; aber es wird nicht berichtet, dass auch sie nach Aussen hin bekannt sei und nach dieser Richtung hin irgend eine Thätigkeit entfaltet, denn, wie es in den Psalmen heisst: (Cap. 45. 14.) „Die schönste Herrlichkeit der Königstochter ist im Innern des Hauses". Und in dieser Beziehung hielt sich jede jüdische Frau für eine Königstochter.

Unserer Zeit erst war es vorbehalten, dass auch jüdische Frauenvereine entstanden, und glauben wir nicht zu irren, wenn wir annehmen, dass Wien mit dem Beispiele voranging, und ist es überflüssig zu bemerken, dass die jetzt viel ventilirte Frage der Frauenemancipation dabei nicht mitwirkte.

Im Jahre 1816 nämlich wurde hier in Wien von der Frau Eleonore Nassau, geborenen Wertheim (gestorben am 28. December 1824), Gattin des bereits genannten Isak Wolf Nassau, und Eleonore Wertheim, Gattin David Wertheim's (gest. 24. December 1817) der Frauenverein zur Unterstützung herabgekommener, verschämter Familien gegründet, der bis auf den heutigen Tag in höchst wohlthätiger Weise wirkt. Ihnen zur Seite standen die Frauen: Judith Ofenheim (gestorben October 1849), die geist- und gemüthvolle Judith Lewinger (gestorben 25. October 1841) und Frau Charlotte Biedermann, Gattin des Michael Lazar Biedermann (gestorben am 28. Jänner 1838.[46])

Im Jahre 1846 begründete Frau Therese Meyer, geborene Weikersheim, den Kreuzerverein. Der Zweck desselben war, für arme, jüdische Kinder das Schulgeld zu bezahlen (das bekanntlich erst in neuester Zeit aufgehoben wurde) und sie mit den nöthigen Schulrequisiten zu versehen. (Sie starb am 2. Jänner 1855). Unter den Vorsteherinnen desselben befand sich ihre Schwester Frau Regine Brandeis, geborene Weikersheim, welche am 28. December 1878 gestorben ist.[47])

Auf einzelne Personen übergehend, nennen wir die Frauen: Babette Edle v. Lämmel, gestorben 10. October 1853. Sie testirte 10.000 fl. für das Spital, 2000 fl. für Arme und 18,000 fl. dem Frauenverein.

Deren Tochter Elise Herz stiftete mit 50.000 fl. 4$^{1}/_{2}$ $^{0}/_{0}$ Metalliques eine Kleinkinderbewahranstalt in Jerusalem. Diese Mission übernahm bekanntlich Dr. L. A. Frankl Ritter v. Hochwart im Jahre 1856; ferner testirte sie 6000 fl. als Heirathsstiftung. Sie starb 25. Juli 1868.

Zahlreich sind die Stiftungen der Frau Fanny Jeiteles, gestorben 2. Mai 1854, Gattin des bereits genannten Ignaz Jeiteles. Sie setzte das israelitische Spital zum Universalerben ein, und fielen demselben 66129 fl. zu. Ausserdem widmete sie 31.500 fl. für ein Armenhaus, 6000 fl. der Heirathsausstattungs-Stiftung, je 8000 fl. für Studirende der Medicin und Jurisprudenz, je 4000 fl. für Theologen und Maler u. s. w.

Nanette Schlesinger (gestorben 28. April 1867) testirte 5100 fl. zur Erhaltung eines Bettes im Spital.

[46]) Die Leichenrede Mannheimer's: Worte am Grabe der Frau Charlotte Biedermann, ist gedruckt.

[47]) Deren Schwiegermutter Frau Theresia Brandeis, (gestorben 12. Jänner 1866) war die Tochter des berühmten Rabbiners Meschullam Salman Cohn in Fürth. Zu ihrem Andenken stiftete ihr Sohn, Herr Jacob Brandeis, ein Bett im Spitale mit 6000 fl. Die Grabrede von Dr. Adolf Jellinek ist gedruckt, und zwar separat und in den „Reden bei verschiedenen Gelegenheiten", erster Theil, Wien 1874.

Unter den Herren, die bedeutende Stiftungen machten, müssen wir zuerst Emanuel Wertheim (gestorben 4. December 1822) nennen. Dieser spendete 20.000 fl., deren Jnteressen jüdischen Handwerkerlehrlingen zufallen, und ausserdem noch 22000 fl. wohlthätigen Zwecken.

Ferner: Hermann Todesco,⁴⁴) (gestorben 23. November 1843) widmete 10.000 fl. dem Handwerkerverein,

Moriz Ritter v. Todesco (gestorben 17. Juli 1873) testirte 15.000 fl. für das Spital und für Künstler,

Jakob Löwy (gestorben 7. Mai 1864) widmete 10.000 fl. wohlthätigen Zwecken,

Ignaz Theumann (gestorben 22. October 1866) 16.700 fl. als Heirathsausstattungsstiftung; und 1600 fl. einer Gebetstiftung,

Franz Fein (gestorben 3. Juli 1869) 102.800 fl. für 18 Spitalsbetten,

Abel Rappaport (gestorben 9. Februar 1868) 24.400 fl. für Studirende,

Ignaz Baum (gestorben 26. Februar 1870) 5.000 fl. für Arme,

Josef del Sotto, (Cohen da Silva), (gestorben 14. August 1874) 32.800 fl. für Schriftsteller und Handwerker.

Carl Löwenstein (gestorben 2. Juli 1854) testirte 18.100 fl. dem Spitale,

Leopold Epstein (gestorben 15. März 1864) 7600 fl. für Waisen,

Sigmund Teitelbaum (gestorben 8. August 1868) dem Spitale 5000 fl., und

Samuel Oppenheim (gestorben 26. Juli 1871) 23.370 fl. zu Gunsten der Reconvalescenten in allen Spitälern Wien's.

⁴⁴) Ein Enkel desselben Hermann Freiherr v. Todesco starb, 14. Juni 1876, in der Blüthe der Jahre als einziger Sohn seiner Eltern. (Sein Vater Herr Baron Eduard Todesco machte zu seinem Andenken eine Stiftung von 50.000 fl. in Effecten zu Gunsten von Waisen). Dasselbe war der Fall bei seinem Vetter Carl Ritter von Wertheimstein, gestorben 20. März 1861, der ein ausgesprochenes Talent für Sculptur hatte. Für den im Jünglingsalter verstorbenen Salomon Goldschmidt, (gestorben 4. März 1861), machte sein Vater Herr Moriz Ritter von Goldschmidt eine Stiftung von 5500 fl. in Effecten zu Gunsten von Schülern der Mittelschule.

Ignaz (gestorben Jänner 1877) und seine Gattin Rosa Wolf (gestorben Mai 1870) widmeten 5000 fl. Papierrente für Kranke. Rosalie Münz (gestorben 6. Juni 1877) 9.000 fl. für Witwen.

Herr Ludwig Ladenburg, Reichsrathsabgeordneter (gestorben 5. September 1877) hinterliess ein Legat von 50.000 fl. in Effecten für wohlthätige Institutionen, über welches der Reichsrathsabgeordnete Herr Dr. Ignaz Kuranda, Präses der israelitischen Cultusgemeinde, zu verfügen hatte. Die Rede, die Herr Rabbiner Dr. Güdemann an seinem Sarge, so wie jene, die er am Sarge der ihm vorangegangenen Gattin Frau Julie Ladenburg, geborenen v. Lämmel (gest. 5. Jänner 1874), eine durch hervorragende Geistes- und Herzensvorzüge ausgezeichneten Frau, gehalten, sind gedruckt.

Am Schlusse dieser Todtenliste wollen wir noch eines Mannes gedenken, der Jahrzehnte lang tausenden Leichenbegängnissen folgte ; Männer und Frauen, Kinder und Greise, Reiche und Arme in's Grab bettete, bis man ihm selber das letzte Geleite gab. Es war dies der treue „Schamesch" der Chewra Kadischa, David Herrnfeld, gestorben 17. April 1874. Möge ihm wie allen Anderen, die mit ihm ruhen, die Erde leicht sein."⁴⁹)

Nachdem wir, wie der technische Ausdruck in der „Gasse" lautet, den Todten „ihr Recht gethan", kehren wir wieder zur Chewra Kadischa zurück.

Da die Juden in Wien, wie wir das bereits erörterten, keine Gemeinde bilden durften, und bis zur Errichtung des Gotteshauses im Jahre 1826 auch nach Innen kein Einigungspunkt vorhanden war, so bildete die Chewra Kadischa, wenn auch nicht gesetzlich genehmigt, deren Vorhandensein jedoch den Behörden, und wie wir bereits bemerkten, schon dem Kaiser Josef II. bekannt war, gewissermassen einen Kristallisationspunkt, und suchte sie ihre Stellung im Interesse der guten Sache zu verwerten und ihre Wirksamkeit zu erweitern. Es wurde daher im Jahre 1824 beschlossen, Söhne von Mitgliedern der Chewra Kadischa, die ein Handwerk erlernen oder studiren wollen, falls sie mittellos sind, zu unterstützen.

---

⁴⁹) Nachträglich wollen wir noch, um zu zeigen, welchen Berufsgeschäften sich einzelne Juden früher widmeten, erwähnen, dass am 25. April 1807 Abraham Romaldi, Taschenspieler, und am 4. April 1819 Samuel Reichenberger, gewesener herrschaftlicher Stallmeister, 80 Jahre alt, starben.

Ebenso sollten Frauen, die an der Wiener Universität den Hebammencurs absolviren und an derselben rigorosiren, wenn sie arm sind, aus der Cassa der Chewra Kadischa unterstützt werden etc.

Als das Gotteshaus in der Seitenstettengasse im Jahre 1826 eröffnet wurde und Prediger Mannheimer seine Wirksamkeit zu entfalten begann, trat die Gemeinde immer mehr in den Vordergrund und bildete die Chewra Kadischa eine ihrer, wenn auch würdigsten und vorzüglichsten Institutionen. Die Chewra hat heute einen übertragenen Wirkungskreis von Seite des Gemeindevorstandes. Ein derartiges Verhältniss, wo es nicht schon vorhanden ist, wird auch in anderen Gemeinden angestrebt. Ebenso gewiss aber ist es, dass die Chewra Kadischa früher hier wie anderswo ihren selbstständigen Wirkungskreis hatte, und ist es uns auch nicht bekannt, dass principiell über diese Angelegenheit entschieden worden wäre. Eigenthümlich genug spricht Sichrowsky in dem Berichte, den er bei dem Festmahle der Chewra Kadischa am 4. Jänner 1857, über welches wir oben, S. 25, berichteten, erstattete, die Chewra habe aus der Gemeindecassa einen Vorschuss erhalten, der bereits zurückgezahlt worden sei, was sie der Nothwendigkeit überhob, einen wesentlichen Theil ihres Stammvermögens anzugreifen und zu gedrückten Preisen zu veräussern. Dieser Passus gibt den Beweis, dass man damals noch die Chewra Kadischa als selbstständig betrachtete.

Doch liegt es nicht in unserer Absicht, dieses Moment weiter zu verfolgen, und ist es auch, was die Sache selbst betrifft, gleichgiltig, ob die Chewra ihre edlen Werke der Barmherzigkeit und Menschenliebe im eigenen oder im übertragenen Wirkungskreise ausübt.

Wir müssen jedoch einer wesentlichen Metamorphose, die sich innerhalb der Chewra selbst vollzogen hat, gedenken. Wo diese Chewra besteht, betrachten es die Mitglieder derselben als Pflicht, die Kranken zu besuchen, die Sterbenden mit religiösem Zuspruche zu trösten, und wenn möglich bei „Jeziath Neschama" im Momente, wenn der Tod eintritt, anwesend zu sein; dann den Verstorbenen zu waschen, einzukleiden etc., und ihm schliesslich das letzte Geleite zu geben und ihn in's Grab zu betten. Den jungen Novizen, mladši, fällt dabei die Aufgabe zu, das Grab zu graben. In ähnlicher Weise war auch hier früher die Wirksamkeit der Mitglieder der Chewra Kadischa. Nachdem jedoch Wien eine Grossstadt wurde und die Zahl der Juden, die an allen Ecken und Enden derselben wohnten, zunahm, hörte diese persönliche Thätigkeit, ausser in Ausnahmsfällen, auf, und es wurden besoldete Organe — Beamte und Diener — zu diesem Zwecke bestellt. Beim Leichenbegängnisse selbst aber sind stets zwei Vorsteher der Chewra Kadischa anwesend.

Als Prediger Mannheimer in's Amt trat, suchte er nicht blos den Gottesdienst zu reformiren und ihn erbaulich zu gestalten; er wirkte auch dahin, dass der jüdische Cultus im weitesten Umfange, insofern er sich nach Aussen kundgab, in würdiger Weise erscheine[50]. Es wurde daher auch das Ceremoniale bei Leichenbegängnissen, wie es heute besteht, festgestellt. Wie wir bei dieser Gelegenheit nachtragen wollen, erging von Seite der niederösterreichischen Regierung am 17. April 1787 an die tolerirte Judenschaft die Verordnung, die Leichen erst 48 Stunden nach eingetretenem Tode zu beerdigen[51].

Wie wir ferner hinzufügen wollen, besteht hier der Gebrauch — doch wissen wir nicht seit wann — dass die jüdischen Leichen in vollständigen Särgen beerdigt werden, was auch noch hie und da wegen „Chukoth hagoj" (fremder Sitte) verpönt ist. In gleicher Weise sträubt man sich noch jetzt in manchen Gemeinden gegen die Sitte, die hier besteht, die Gräber mit Blumen zu schmücken. Wie jedoch schon vor Jahren mein väterlicher Freund, der selige Dr. B. Beer in Dresden, nachwies, war diese Sitte schon in alter Zeit üblich. In der Mischna, Tractat S'machot, wird nämlich

[50] Als im April 1826 das Gotteshaus in der Seitenstettengasse eröffnet wurde, übernahm Mannheimer aus eigener Initiative die Matrikenführung. Wir finden da in dem Todtenbuche im Jahre 1826 (begonnen im April) 50 Todte, 1827 78 und 1828 75 Todte. Wir fügen hier bei die Verstorbenen in den letzten drei Jahren 1876 1447, 1877 1465 und 1878 1477.

[51] In Folge von Miss- und Unverständniss hat man früher kurze Zeit, nachdem der Tod eingetreten war, die Leichen zur Erde bestattet, wodurch auch der Fall eintreten konnte, dass Scheintodte begraben wurden. Da und dort besteht dieser Missbrauch noch jetzt in jüdischen Gemeinden. In jüngster Zeit kam ein ähnlicher Fall in Lemberg vor, wo ein Scheintodter begraben werden sollte. (Vergl. den Lemberger „Israelit" 1879, Nr. 2). In jüdischen Kreisen wurde dieses unsinnige und antitalmudische Vorgehen zuerst von Hofrath Marcus Herz in Berlin (derselbe unterrichtete die Kinder des damaligen Kronprinzen Friedrich Wilhelm, Nachfolgers Friedrich des Grossen, in den Naturwissenschaften) erörtert. (Vergl. Meassef IV, 368, „über die frühe Beerdigung der Juden").

der Fall erörtert: K'tanah w'schoschanim b'jadah, wenn ein Mädchen Blumen von einem Grabe gepflückt hat. Wenn auch, wie bereits Eingangs dieser Schrift bemerkt wurde, die Einkleidung der Todten und die Särge für alle Verstorbenen gleich sind, so hat sich auch in letzter Zeit die Sitte eingebürgert, dass Kränze etc. auf die Särge und in's Grab gelegt werden und hat in dieser Beziehung die Gleichheit im Tode aufgehört.

Noch mag Folgendes bemerkt werden: Die Inschriften auf den Leichensteinen dieses Friedhofes sind grösstentheils in hebräischer und in deutscher Sprache, und wo der Sterbetag in deutscher Sprache angegeben ist, geschieht dies nach der gewöhnlichen und nicht nach der jüdischen Zeitrechnung. Wir notiren dieses Moment, weil in vielen Gemeinden darauf gesehen wird, dass das Datum nur nach der jüdischen Zeitrechnung gegeben werde.

In Folge der zunehmenden Population musste im Jahre 1853 ein specielles Amt, das Leichenhofamt, dessen Verwalter Herr Leopold Kreuzer ist, errichtet werden. In demselben Jahre wurden auch „Classenleichen" eingeführt, d. h. es betragen die Taxen mehr oder weniger, je nachdem mehr oder weniger Pomp (Gallawagen, Prediger etc.) beim Leichenbegängnisse entwickelt wird. Selbstverständlich werden die Armen gratis begraben. Im Jahre 1878 waren 1477 Leichenbegängnisse, darunter waren 1045 gratis. Wir denken, diese Zahl ist beredt genug.

Als im Jahre 1856 der Gottesacker erweitert wurde, entstanden auch die Familiengrüfte.

Das Nähere über das Ceremoniel auf dem Gottesacker und vor der Beerdigung veröffentlichten wir in unserer: „Geschichte der israelitischen Cultusgemeinde in Wien 1820—1860", S. 165.

Wir sind zu Ende. Bevor wir jedoch schliessen, mögen uns noch einige Worte gestattet sein.

Der Prophet Jesaia, der die Zeit voraussah, in welcher die Völker die Schwerter umschmieden zu Sicheln und die Lanzen zu Rebenmessern (Cap. 2, 4), verkündigte (Cap. 25, 8): „Er macht verschwinden den Tod für immer, und es löscht Gott, der Herr, die Thränen von jeglichem Angesichte." Es kömmt da ein Optimismus zum Ausdrucke, der nicht gesteigert werden kann. Anders jedoch der Midrasch. Die Schrift berichtet, Genesis Cap. 1, über das Schöpfungswerk; da heisst es am Ende eines jeden Schöpfungstages: „Und Gott sah, dass es gut war." Anders jedoch lautet der Satz, als die Schöpfung vollendet war; da heisst es, Gen. 1, 31: „Und Gott sah, dass es sehr gut war." Zu dieser Stelle bemerkt der Midrasch Rabbah, unter dem „sehr gut" sei der Tod verstanden. Hier haben wir wieder den Pessimismus, der keine Steigerung zulässt, vor uns. Es kann nicht unsere Aufgabe sein zu entscheiden, welche Meinung und Ansicht richtig oder berechtigt ist; wir tragen nur der Thatsache Rechnung, dass die Menschen nach wie vor sterben und können daher nicht annehmen, dass die Pforten des nun adaptirten neuen Friedhofes gesperrt bleiben werden. Es wird daher auch da

„Die Saat gesäet von Gott
Am Tage der Garben zu reifen."

Unser Wunsch geht nur dahin, dass Jene, die dort ruhen werden, nicht Opfer des Krieges, von Pest und Plagen etc. sein mögen. Möge sich an ihnen bewahrheiten der Spruch (Exodus 23, 26): „Die Zahl Deiner Tage werde ich voll machen."

Was die Chewra Kadischa selbst betrifft, so sind wir überzeugt, dass sie, wie bisher, stets auf der Höhe ihrer Mission bleiben und zu allen Zeiten in der edelsten Weise Werke der Barmherzigkeit und Nächstenliebe an Lebenden, Sterbenden und Todten üben wird. Wir nennen daher nur noch die Namen der jetzt fungirenden Vorsteher der frommen, heiligen Bruderschaft. Es sind die Herren: Jacob Brandeis, Vorsitzender; Gustav Simon, Vorsitzender-Stellvertreter; Michael Biach, Wilhelm Ritter von Frankfurter, Josef Hieldburghäusser, Jacob Moor und Wilhelm Wertheim.

Nachtrag.

Eine der bedeutendsten und wichtigsten Stiftungen in der hiesigen jüdischen Gemeinde ist jene von Leopold Ditmar Königsberg, gestorben 10. Februar 1857. Er testirte in runder Summe fl. 178.000 zu dem Zwecke, damit arme Mädchen guten Unterricht erhalten und zu tüchtigen Hausfrauen herangebildet werden. Jene Mädchen, welche in dem Institute Aufnahme finden, werden mit Wohnung, Kost, Kleidung etc. versehen und erhalten überdies, wenn sie seiner Zeit heirathen, einen Beitrag zu den Ausstattungskosten.

Herr A. M. Pollak Ritter von Rudin widmete im März 1872 zum Andenken an seine Frau Babette (gestorben 9. Februar 1872) ein Capital von fl. 5000 Rente, welches durch weitere Spenden von ihm und seiner Familie etc. am Schlusse des Jahres 1878 fl. 17.350 in Effecten betrug, zur Errichtung eines Kindergartens.

Register.

	Seite
Abba-Mari	12
Abineri Wilhelm	27
„ Lazar	27
Abraham Chajim	12
„ Kellin, der Deutsche	14
Arnstein David	41
„ Fanny Freifrau v	36, 38
„ N. A. Freiherr v.	32, 36, 38
Aschkenasi Gerson Oulif	13
Bader Ulrich	2
Baruch Ruben	31
Bassewi Jacob von Treuenburg	14
Baum Ignaz	46
Baumgarten Emanuel	34
Beer Bernh., Dr.	49
Benseew Leon	29
Biach Emanuel	27
„ Michael	51
Biedermann Josef	34
„ Michael Lazar	32
„ Samuel	26
„ Charlotte	45
Boschan Fried. Ritter v.	48
Brandeis Jacob	45, 51
„ Regine	45
„ Salomon	42
„ Therese	45
Breuer Leopold	31
Budget	20
Chalfon, s. Halfanus.	
Chewra Kadischa	2, 3, 4, 8, 19, 48
Cohn Salman Meschullam	45
Czernin Graf	16

	Seite
Deutsch Joel	48
Drach Elias	21
Edomim (de Rossi)	14
Eibeschitz Jonathan	13
Engel Löb	9, 26
„ Dr. Maximilian	9, 34
Eppinger Emanuel	40
„ Jos., Dr.	40
Epstein Leop.	46
Erter Isak	30
Eskeles Berusch	13, 16
„ Bernhard Freiherr v.	32
„ Cäcilie	36
Fein Franz	46
Fischer Moses	31
Fischhof Josef	41
Frankfurter Wilh. Ritter v.	51
Frankl Lud. Aug. Ritt. v. Hochwart	45
Frauenvereine	44
Friedhof, Central-	22, 25
„ vor dem Kärnthnerthor	2
„ in der Rossau	3
„ in Währing	17, 28
Goëss Graf	16
Goldenthal Jac.	41
Goldschmidt Mor. Ritter v.	46
„ Sal.	46
Götzl Sam.	36
Guttman David Ritter v.	10
„ Wilhelm Ritter v.	10

	Seite
Halfanus Elia	14
Hammer-Purgstall Freiherr v.	41
Hartmann Moriz	42
Hartopf Samuel	19
Heller Lipmann	12
Herrnfeld David	47
Herz Elise	45
„ Markus	19
„ Salomon v.	26
Hilberg Rebekka	30
Hieldburghäusser Josef	51
Hirschfeld Elias, Dr.	27
Hofmannsthal Ignatz v., Dr.	27
„ Isak L.	32
Homberg Herz	29
Hönig Anton	40
Hönigsberg Israel Löbl v.	17, 35
Horwitz (Hurwitz) Scheftel	18
„ Lazar	28, 31
Itzig Daniel	36, 38, 39
Jehuda Halevy	12
Jeiteles Fanny	45
„ Juda	30
„ Ignaz	42, 45
Jellinek Adolf, Dr.	5
Josef II., Kaiser	9, 21
Kanitz M. L.	42
Kaulla Jakob	16
Königsberg Leop. Ditmar	52
Königswarter Jonas, Freiherr von	33
„ Josefine, von	34
„ Moriz	26
Kolisch Hirsch	42
Koppel Lewi Fränkel	5, 15
Kreuzer Leop.	50
Kuranda Ignaz, Dr.	47
Ladenburg Julie	47
„ Ludwig	35, 47
Lämmel Babette von	45
„ Simon von	33
Landesmann Benjamin	9, 26
Landsteiner Leopold	42

	Seite
Leidesdorf Aaron	26
Letteris Max, Dr.	30
Lewa ben Bezalel	2
Lewi Josef	32
Lewinger Edmund	42
„ Judith	45
Liechtenstein Karl, Fürst	36
Liebenberg Ignaz R. v.	33
Löwenstein Karl	46
Löwin Sara	19
Löwy Jakob	46
Lowositz Noe	23
Lucerna (s. Maor Katon)	14
Mannheimer J. N.	5, 25, 31, 48, 49
Maor Katon Moses	11, 14
Maria Theresia, Kaiserin	6, 19
Markbreiter Koppel	33
Mathias (Kaiser)	4
Matriken	19
Matzel Ascher	27
Meyer Therese	45
Migazzi (Cardinal)	9
Milchspeiser Simon	31
Moor Jacob	51
Mosenthal S. H.	42
Münz Rosalia	47
Nassau Isak Wolf	27, 44
„ Eleonore	44
Netter Salomon	30
Neuhauser Thomas	19
Neustadt Adolf	42
Neuwall Marcus Ritter von	33
Obernik Meyer	29
Ofenheim Judith	45
Oppenheim David	31
„ Jakob	10
„ Josef	18
„ Isak	18
„ Samuel	5, 15, 16
„ „	46
Oppenheimer Samuel, Dr.	27
Osterhammer Balthasar	5, 10

	Seite
Pollak Juda	21
„ Ritter von Rudin A. M.	52
„ Babette von Rudin	52
Pope Johann	32
Popper Meier	31
Rachabi Jecheskel	28
„ Salomon	28
Rappaport Abel	46
„ S. L.	12
Raschi	16
Reichenberger Samuel	47
Romaldi Abraham	47
Rothschild Anselm Freiherr v.	10
Salomon ibn Gabirol	12
Samuel Halevy	13
Sanran, Graf	86
Schlesinger Cosman	20
„ Karl	42
„ Nanette	45
Schmidt Anton v.	29
Schwarz Eduard, Dr.	28
Sichrowsky Heinrich R. v.	26, 48
Simon Gustav	51
Sinzheim Jehuda Ephraim	16
Sofer Moses	28
del Sotto Josef	46
Spitzer Benjamin Salomon	28
„ Karl Heinrich	41
Statistik	24
Stern Max Emanuel	30
Strauss Albert	26
van Swieten Gerhard	14
Szántó Josef	40
Tauber J. Sami	42
Theumann Ignatz	46

	Seite
Teitelbaum Sigmund	46
Teomim Lämmel	13
Todesco Eduard, Freiherr von	46
„ Hermann, Freiherr von	46
„ Hermann	46
„ Moriz, Ritter von	46
Trautson, Graf	6
Uffenheimer Götz Gabriel	13
Veit Josef	30
Veit Munk	13, 14
Weichs, Baron	86
Weidel	13
Weikersheim Markus Hirsch	26
Weil Carl Ritter v.	42
Wertheim Bernhard	34
„ David	7, 23, 26
„ Eleonore	44
„ Emanuel	46
„ Wilhelm	51
„ Zacharias, Dr.	28
Wertheimstein Anna v.	42
„ Carl R. v.	46
„ Heinrich	42
„ Sigmund	42
Wertheimber Samson	13, 26
Wetzlar v. Plankenstern Eleonore Freifrau v.	35
Wimmer, Hofsecretär	33
Wolf Ignaz	47
„ Rosa	47
Wolff Hermann Ritter v.	43
Wölfler Dr. B.	3
Wratislaw Graf	16
Zacharia Lewi	15
Zunz L., Dr.	13